臺灣歷史與文化研究輯刊

初　編

第 27 冊

17世紀臺灣的外來陶瓷
——透過陶瓷探討臺灣歷史（下）

盧　泰　康　著

花木蘭文化出版社

國家圖書館出版品預行編目資料

17 世紀臺灣的外來陶瓷——透過陶瓷探討臺灣歷史（下）／
盧泰康 著 — 初版 — 新北市：花木蘭文化出版社，2013〔民
102〕
目 4+168 面：19×26 公分
（臺灣歷史與文化研究輯刊 初編：第 27 冊）
ISBN：978-986-322-280-4（精裝）
1. 陶瓷　2. 臺灣史
733.08　　　　　　　　　　　　　　　　　102002956

ISBN-978-986-322-280-4

9 789863 222804

臺灣歷史與文化研究輯刊
初　編　第二七冊　　　　　　　　ISBN：978-986-322-280-4

17 世紀臺灣的外來陶瓷
——透過陶瓷探討臺灣歷史（下）

作　者　盧泰康
總編輯　杜潔祥
出　版　花木蘭文化出版社
發行所　花木蘭文化出版社
發行人　高小娟
聯絡地址　235 新北市中和區中安街七二號十三樓
　　　　　電話：02-2923-1455／傳眞：02-2923-1452
網　址　http://www.huamulan.tw 信箱 sut81518@gmail.com
印　刷　普羅文化出版廣告事業
初　版　2013 年 3 月
定　價　初編　30 冊（精裝）新臺幣 60,000 元

17世紀臺灣的外來陶瓷
——透過陶瓷探討臺灣歷史（下）

盧泰康　著

目次

第三節　西班牙與臺灣北部陶瓷貿易（AD. 1626～1642）

　　西元 1626 年，西班牙人從菲律賓出兵臺灣，佔領了台灣北部的基隆與淡水。十六年後，荷蘭人發兵北上，驅逐了北臺的西班牙勢力，臺灣全島歸於荷蘭人勢力範圍之下。儘管西班牙人在臺灣活動的時間不長，貿易活動不如南部的荷蘭大員商館，但其相關紀錄與遺物，仍可見十七世紀前半臺灣北部陶瓷貿易之狀況。以下共分三個部份討論；首先是分析西班牙佔領北臺期間，定期由菲律賓運至雞籠、淡水之補給貨品內容涉及陶瓷者。第二節為西班牙佔領時期有關陶瓷貿易之討論。第三部份則試析該時期北部原住民的陶瓷消費狀況，以及北部地區陶瓷貿易網絡的特徵。至於考古出土陶瓷實物的部份，由於雞籠與淡水地區所見資料甚稀，且時間過短，個別陶瓷遺物年代無法被準確劃分其屬西班牙時期，亦或屬於荷蘭時期，是故，為求資料敘述合理一致，有關西班牙佔領臺灣北部時期，島內原住民陶瓷消費的實物資料，如淇武蘭遺址出土陶瓷遺物，已合併於本章第二節中討論。

一、西班牙對雞籠、淡水的補給與陶瓷用品

　　西班牙佔領雞籠、淡水期間，駐軍與相關人員無法自行負擔生活所需，故每年均有發航自馬尼拉的船隻前來補給各種用品。西班牙船隻所運送貨品，大抵以白銀與糧食為主，其次尚有武器、彈藥、衣物等。此一定期性運補船航班，實為維繫西班牙人在臺活動的重要支柱。〔註232〕大體來說，上述運補物資與陶瓷之間的關聯性，在於儲存食品所用容器多以陶瓷製品為主，此為有史以來首次定期輸入北臺的陶瓷物資，其運送來源已非過去多以中國產品為主；來自菲律賓的陶瓷貨物，器類組成方式特殊，相對反映出這個時期的臺灣北部，已被納入了新的國際貿易體系。

　　至於近年新公佈的「聖薩爾瓦多城（基隆）財務報告細目」，則更提供了吾人深入解析西班牙運補陶瓷的種類與特徵。〔註233〕表 4-19 為根據上述「財

〔註232〕陳宗仁，《雞籠山與淡水洋——東亞海域與臺灣早期研究 1400～1700》，頁 209 ～211；José Eugenio Borao Mateo, "Fleets, Relief and Trade: Communications between Manila and Jilong, 1626-1642," *Around and about Formosa: Essays in Honor of Professor Ts'ao Yung-ho*（Taipei: The Ts'ao Yung-ho Foundation for Culture and Education, 2003,）pp.317-327.

〔註233〕李毓中，〈西班牙殖民臺灣時期的史料：聖薩爾瓦多城的財務報告〉，《臺灣史料研究》，No. 14，1999 年 12 月，頁 119～146。

務報告細目」所整理之菲律賓送往臺灣雞籠要塞補給及其相關裝盛用陶瓷類型與數量，圖表 4-6 則為根據表 4-19 所進行之累計統計分析。經由上述整理可知，1624～1642 年間，由菲律賓西班牙人送往北臺的運補陶瓷容器，大抵仍以中國產品為主，中國陶甕最多，瓷瓶次之，這些中國陶瓷的來源多是透過「馬尼拉——月港」航線，自中國閩南地區輸出的。再其次為馬尼拉附近居民燒造的陶器，最後尚有少數未明確標注來源之特殊陶器。以下分別試析上述文獻所載五種陶瓷類型：

（一）中國瓷瓶

裝盛物質包括（卡斯迪亞）杏仁、（卡斯迪亞）葡萄乾、卡斯迪亞葡萄酒、菲律賓的醃製食品、菲律賓純糖、菲律賓罐裝食品、土巴醋、豬油、火藥、寫字用中國墨，共十種。相較起來，中國瓷瓶所裝盛之物，有三種來自歐洲伊比利半島的西班牙本國食品，另有菲律賓食品、火藥與中國墨。各類食物來源多樣，可知該瓶已屬「二次使用」，且西班牙人知此瓷瓶來自中國，是質地較中國陶甕細緻之瓷器。若對應於 1600 年西班牙 San Diego 號出土遺物可知，[註 234] 該船所見屬於中國瓷瓶且為裝盛貨物之容器者，僅安平壺一項，故吾人可合理推斷，西班牙紀錄中所謂的「中國瓷瓶」很可能是指「安平壺」。

（二）白瓷瓶

數量極少，紀錄中僅於 1636 年出現一次，為「裝盛藥物」的白色瓷瓶，其可能為福建德化窯所燒製。

（三）中國甕

所裝盛物品包括卡斯迪亞葡萄酒、卡斯迪亞醋、菲律賓白葡萄酒、依洛克的醋、土巴醋、椰子油、菱形糕餅、純（細）白糖、可可油、豬油、醃牛肉、醃豬肉、火藥，共十三種。所謂「中國甕」即中國南方燒造的高溫硬陶甕、罐，根據本文第參章第二節第（六）段第 1 部份（見圖 3-57 至 61），以及本章第二節第（二）段第 4 部份的討論（見圖 4-2-32 至 52），個人認為這類陶罐的器形，以斜肩帶繫罐（圖 3-57 至圖 3-61）、粗質醬釉三繫大罐（圖 4-2-38 至 4-2-41）的可能性最高。西班牙人在紀錄中尚提到「所有的甕及瓷瓶都密封、

〔註 234〕Jean Paul Desroches and Albert Giordan ed., *The Treasure of San Diego,* pp.226-227.

瀝青封印然後以藤綁住」。〔註235〕此一現象可明確見於水下考古出土的安平壺
與斜肩帶繫罐上（圖 4-3-1、圖 4-3-2）。

　　另有一關於西班牙人所運送中國陶甕的重要特徵，是 1638 年的貨物紀錄
中，稱部份中國甕的「器身標有王室標幟」，而這樣的描述，亦可反映在十七
世紀西班牙沉船所打撈的中國陶罐上。例如 1600 年的 San Diego 號沉船（圖
4-3-3），〔註236〕以及 1638 年 Concepción 號沉船出土的斜肩帶繫罐上（圖
4-3-4），〔註237〕皆可以發現西班牙人在陶罐上所刻劃的「擁有人標記」。這種
習俗明顯源自歐洲，僅出現於西班牙所屬馬尼拉 galleon 船所裝載的陶罐上，
或許是西班牙人旅行於亞洲南部海域的特有習慣。〔註238〕

（四）巴石甕

　　屬菲律賓本地生產的陶罐，燒製地點為馬尼拉城外的巴石河（Pasi 或
Pasing River）。其所裝盛貨物包括菲律賓白葡萄酒、依洛克的醋、土巴醋、菲
律賓肥皂、椰子油、純（細）白糖、可可油、醃牛肉、醃豬肉，共九種。就
貨物裝盛種類來看，菲律賓本地陶器的品質較差，故並未用於裝盛較高級的
西班牙本國食品。而「巴石甕」所裝食物大抵與「中國甕」相同，但種類較
少，可見其在當時應被視為「中國甕」的替代品，以補充中國陶器數量不足
的部份。若對應於 1600 年西班牙 San Diego 號出土遺物可知，這類菲律賓陶
器皆為粗製的無釉夾砂陶，種類繁多，且可分為實用容器與器形較複雜的特
殊用器。〔註239〕此外 1634 年紀錄中尚提到的一種「長頸大肚 Garrafa 瓶」，
可能亦出現於 San Diego 號沉船的出土品中（圖 4-3-5）。〔註240〕此外，西班
牙人還多次向臺灣輸入了一些菲律賓燒製巴石陶器、陶鍋，以做為一般日常
使用之器。

（五）陶製圓罐

　　西班牙人對於此類陶製圓罐之名稱，並未標示其產地來源，而就其所裝

〔註235〕李毓中，〈西班牙殖民臺灣時期的史料：聖薩爾瓦多城的財務報告〉，頁 125。
〔註236〕Jean Paul Desroches and Albert Giordan ed., *The Treasure of San Diego*, p. 248-249.
〔註237〕William M. Mathers & Nancy Shaw, *Treasure of the Concepción*, p. 10.
〔註238〕Jean Paul Desroches and Albert Giordan ed., *The Treasure of San Diego*, p. 231
〔註239〕田中和彥，〈フィリピンの沉船遺跡と出土土器——15 世紀中葉から 16 世紀末の資料を中心に——〉，《水中考古學研究》，No. 1，2005 年，頁 29～41。
〔註240〕同上註，頁 34、38；Jean Paul Desroches and Albert Giordan ed., *The Treasure of San Diego*, p. 252-253.

盛物質來看,則皆爲卡斯迪亞食用油。筆者根據此類陶器罐體爲圓形,且裝盛西班牙本國食用油的特徵研判,「陶製圓罐」極可能是所謂的「西班牙橄欖（油）罐」（Spanish Olive jars,又稱 *tinajas* 或 *jarras*）。這類伊比利半島生產的陶罐,器身呈橢圓形,小口厚唇,圓底,造形延續地中海地區安佛拉壺（amphoras）的傳統,爲十六至十八世紀西班牙船隻海上航行時,普遍攜帶儲物之本國陶器（圖 4-3-6）。〔註 241〕

就臺灣目前所見考古資料而言,上述陶瓷中的第四種「菲律賓陶器」與第五種「西班牙橄欖（油）罐」皆尚未被發現,但筆者認爲,未來在基隆社寮島或淡水紅毛城附近的考古工作,將很有機會發現這兩種遺物。而此兩種陶器所呈現之價值,不僅可做爲北臺西班牙時期的斷年標準器,以及考古學層位依據,同時也反映出十七世紀前半西班牙人在北臺地區活動的眞實歷史。

表 4-19:1634～1642 年菲律賓送來臺灣聖薩爾瓦多等要塞之補給及其相關裝盛用陶瓷類型數量

年 份	類 型	數量／個		裝 盛 物 品	備 註
1634	中國瓷瓶	3	22	卡斯迪亞杏仁	
		1		葡萄乾	
		6		豬油	
		12		菲律賓的醃製食品	
	中國甕	4	44	卡斯迪亞葡萄酒	
		12		椰子油	
		12		菱形糕餅	
		11		火藥	
		4		卡斯迪亞醋	
		1		純白糖	
	巴石甕	6	103	純白糖	
	（Pasi、Pasing）	40		醃牛肉	

〔註 241〕 例見 Jean Paul Desroches and Albert Giordan ed., *The Treasure of San Diego*, p. 250-251; William M. Mathers, Henry S. Parker III, PhD & Kathleen A. Copus. *Archaeological Report: The Recovery of the Manila Galleon Nuestra Señora de la Concepción*, pp.443-444.

	：以馬尼拉城外巴石河命名	50		醃豬肉	Garrafa 瓶，為一種長頸大肚瓶
		7		加拉法瓶裝之土巴醋	
	（巴?）石甕	30		加拉法瓶裝之菲律賓白葡萄酒	
	陶製圓罐	6	6	卡斯迪亞食用油	
1635	中國瓷瓶	1	99	卡斯迪亞杏仁	
		12		菲律賓的醃製食品	
		2		菲律賓純糖	
		84		火藥	
	中國甕	9	71	卡斯迪亞葡萄酒	
		8		椰子油	
		12		菱形糕餅	
		42		卡斯迪亞醋	
	巴石甕	5	55	菲律賓純糖	
		40		醃牛肉	
		10		土巴醋	
	陶製圓罐	6	6	卡斯迪亞食用油	
	甕	40	40	醃豬肉	
1636	中國瓷瓶	1	87	杏仁	
		10		菲律賓的醃製食品	
		1		卡斯迪亞葡萄乾	
		57		火藥	
	白瓷瓶	18		藥物	
	中國甕	4	164	卡斯迪亞葡萄酒	
		10		菱形糕餅	
		2		卡斯迪亞醋	
		65		醃牛肉	
		60		醃豬肉	
		13		土巴醋	
		10		可可油	
	巴石甕	3	31	可可油	
		5		菲律賓純白糖	
		3		菲律賓肥皂	
	巴石陶器	20		一般使用的	
	大瓶	50	50	卡斯迪亞食用油	

	中國瓷瓶	7	13	菲律賓的醃製食品	
		6		豬油	
1637 （一）	中國甕	1	31	卡斯迪亞葡萄酒	
		8		椰子油	
		4		菱形糕餅	
		18		火藥	
	巴石甕	1	51	菲律賓純白糖	
	巴石陶罐	10		一般使用的	
	巴石陶鍋	40			
	醋甕	3	3	菲律賓葡萄	
1637 （二）	中國瓷瓶	1	1	500 小塊寫字用中國墨	
	中國甕	15	50	菲律賓白葡萄酒	
		4		卡斯迪亞醋	
		25		醃小牛肉	
		1		醃豬肉	
		5		依洛克的醋	
	巴石甕	6	14	醃豬肉	
		8		依洛克的醋	
1638	中國瓷瓶	10	12	菲律賓罐裝食品	
		2		卡斯迪亞葡萄酒	
	中國甕	8	115	豬油	
		50		醃牛肉	器身標有王室標幟
		40		醃豬肉	器身標有王室標幟
		17		土巴醋	
	巴石甕	2	23	菲律賓白糖	
		11		椰子油	
	巴石陶器	10		一般用的	
1639 （一）	中國瓷瓶	2	5	菲律賓的罐裝食品	
		2		豬油	
		1		卡斯迪亞葡萄酒	
	中國甕	15	38	醃牛肉	
		15		醃豬肉	
		5		椰子油	
		3		伊洛克的醋	

	巴石甕	5	5	白糖	
	陶鍋	20	20	10個大的，10個中的	
1639（二）	中國瓷瓶	1	5	卡斯迪亞葡萄酒	
		2		菲律賓的罐裝食品	
		2		豬油	
	中國甕	15	33	醃牛肉	
		15		醃豬肉	
		3		依洛克的醋	
	陶鍋	20	20		
1640（一）	中國甕	11	11	菲律賓白葡萄酒	
1641（一）	中國瓷瓶	6	6	土巴醋	
	中國甕	1	62	卡斯迪亞葡萄酒	
		25		菲律賓白葡萄酒	
		5		細白糖	
		12		椰子油	
		2		菱形糕餅	
		2		純火藥	
		7.5		醃牛肉	原文未標數量差異，故取平均數
		7.5		醃豬肉	
	巴石甕	7.5	15	醃牛肉	原文未標數量差異，故取平均數
		7.5		醃豬肉	
1642（一）	中國瓷瓶	4	8	菲律賓的罐裝食品	
		4		火藥	
	中國甕	1	72	卡斯迪亞葡萄酒	
		9		菲律賓白葡萄酒	
		22		椰子油	
		5		白糖	
		10		火藥	
		12.5		醃牛肉	原文未標數量差異，故取平均數
		12.5		醃豬肉	

	巴石甕	18	46	菲律賓白葡萄酒	原文未標數量差異，故取平均數
		3		椰子油	
		12.5		醃牛肉	
		12.5		醃豬肉	
1642（二）	中國瓷瓶	8	20	菲律賓的罐裝食品	
		12		土巴醋	
	中國甕	2	74	卡斯迪亞葡萄酒	
		25		菲律賓白葡萄酒	
		9		純白糖	
		4		菱形糕餅	
		4		純火藥	
		15		醃牛肉	
		15		醃豬肉	
	陶鍋	20	20		

＊本表整理自李毓中，〈西班牙殖民臺灣時期的史料：聖薩爾瓦多城的財務報告〉，《臺灣史料研究》，No. 14，1999年12月，頁119～146。

圖表 4-6：菲律賓送來臺灣聖薩爾瓦多等要塞之補給及相關裝盛用陶瓷類型統計圖

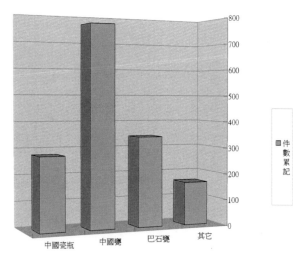

	中國瓷瓶	中國甕	巴石甕	其它
▦件數累記	278	765	343	165

＊本圖表依照表 4-19 內容統計

二、西班牙佔領時期的雞籠轉口貿易

西班牙佔領臺灣北部的雞籠與淡水之後，一方面打算出兵將荷蘭人逐出臺灣，一方面則希望打開另一條與中國貿易的管道。而對於福建地區的中國海商而言，西班牙人的到來，則不啻是一個海外貿易的新商機。崇禎十二年（1639），給事中傅元初〈請開洋禁疏〉云：

> 呂宋佛朗機之夷，見我海禁，亦時時私至淡水、雞籠之地，與奸民
> 闌出者市貨，其地一日可至臺灣，官府即知之而不能禁，禁之而不
> 能絕，徒使沿海將領奸民，坐享洋利……。〔註242〕

既然中國民間商人與西班牙人皆有意願從事交易，雞籠轉口貿易遂在 1620 年代晚期正式展開。1628 年，來自馬尼拉的西班牙船隻 Rosario 號，首度用很低的價錢，向來到雞籠的中國商人收購了大量的商品。〔註243〕此一貿易成果，實反映出雞籠貿易的高度商業潛力。到了 1629 年，馬尼拉對雞籠的第一梯次運補航行時，就吸引了一批馬尼拉商人攜帶了高達 200,000 披索的現錢，前往臺灣採購中國來的商品與絲貨。〔註244〕臺灣北部至此已被納入了西班牙的「大帆船 Galeón 貿易」中，分潤均沾了美洲白銀帶來的商機，從而也相對提升了臺灣北部在東亞海域中的貿易地位。〔註245〕

西班牙人在雞籠的貿易，大體以收購絲織品為主，陶瓷貨品的交易實不多見。其中較為明確的中國陶瓷交易紀錄，倒是可從荷蘭人所探聽的情報中得知。例如 1628 年，荷蘭人打探雞籠、淡水消息中便提到：「有人違禁自福州前去貿易，另有人自中國北部地區運去許多瓷器。」〔註246〕

1633 年 3 月，荷蘭人捕獲了一艘要從雞籠前往馬尼拉的中國帆船，經盤問該船船長與舵手後得知：

> 他們是於去年，在沒有通行證的情況下航離福州前往雞籠，從雞籠
> 前往馬尼拉，又從馬尼拉乘風再往雞籠，在那裡裝載訂購的貨物，

〔註242〕〔清〕顧炎武，《天下郡國利病書》，第十冊（原編第二十六冊）「福建」，頁 33。

〔註243〕Josè E. Borao Mateo et al., *Spaniard in Taiwan, Vol. I*,（Taipei: SMC Publishing, 2001,）p. 136.

〔註244〕José Eugenio Borao Mateo, "Fleets, Relief and Trade: Communications between Manila and Jilong, 1626-1642," p. 329.

〔註245〕陳宗仁，《雞籠山與淡水洋——東亞海域與臺灣早期研究 1400～1700》，頁 208。

〔註246〕程紹剛，《荷蘭人在福爾摩沙》，頁 90。

> 即那些用西班牙字母標示的貨物，主要是麵粉、小麥、一些瓷器和
> 其他雜物。由於該戎克船及那些人都是屬於一個西班牙人的，所載
> 的貨物也大部份是西班牙人的，我們的世仇，因此決定予以沒
> 收……。〔註247〕

該中國式帆船所載瓷貨共有 1560 件，其類型分別為：

> 120 個精美瓷器，有半圓形和三角形的餐盤，1000 個粗糙的奶油碟，
> 440 個有彩繪的及白色的粗糙的小駱駝頭【形狀的】小杯子。〔註248〕

上述船隻從雞籠轉口運往馬尼拉的「精美瓷器」，應為品質較高的江西景德鎮
窯青花瓷，而「粗糙的奶油碟、粗糙的彩繪與白色小駱駝頭小杯子」，則可能
是福建漳州窯所燒造的瓷器。

雞籠轉口馬尼拉貿易雖然熱絡，但西班牙人始終無法克服資金不足的窘
境。曾經於 1635～1636 年在雞籠擔任長官的 Alonso Garcia Romero 就提到：
雞籠的貿易相當繁榮，「可以交易價值 300,000 披索的織品與生絲。」但因為
「缺乏現錢，大量生絲、染布、天鵝絨與其他貨種必須被運回中國。」〔註249〕
西班牙在北臺轉口貿易的問題，並非中國商人不願供應貨物，因為儘管明朝
官方不允許西班牙人至中國貿易，但中國商人卻可透過正常管道或非法走
私，將貨物運來雞籠、淡水。故其根本性原因，在於駐守雞籠的西班牙人經
常沒有充足的白銀來購買商品，才迫使中國商人要賠本運回貨物。〔註250〕

另一方面，西班牙人在雞籠的轉口貿易，與每年例行的運補船次息息相
關，以下透過 1636 年 3 月 14 日在大員的荷蘭人打聽到的狀況，可使吾人更
清楚雞籠的貿易模式及其限制：

> 通常從馬尼拉一年派四艘小船、快艇（fregats）或大帆船去雞籠，
> 其中兩艘於 5 月間抵達，另外兩艘於 8 月底達；於這些船隻抵達時，
> 在那裡跟中國人交易（大部份交易少數量的生絲，絲質布料，大批
> cangan 布、麻紗（kennepe lijwaeten）、lankins 與其他貨物），但這些
> 船隻離開以後，因以無現款，【從中國】運來的貨物就很少了，那些

〔註247〕江樹生譯註，《熱蘭遮城日誌》，第一冊，頁 85。

〔註248〕同上註。

〔註249〕José Eugenio Borao Mateo, "Fleets, Relief and Trade: Communications between Manila and Jilong, 1626-1642," p. 332; Josè E Borao Mato et al., *Spaniard in Taiwan, Vol. I*, p. 258.

〔註250〕陳宗仁，《雞籠山與淡水洋──東亞海域與臺灣早期研究 1400～1700》，頁 243。

　　大帆船通常停留三個星期或一個月，然後就回去馬尼拉，都不留在

那裡。〔註251〕

西班牙人在雞籠與淡水的據點，始終以軍事防衛功能為主，故從未成為類似
南部荷蘭經營的大規模商務轉運站。若與荷蘭人在大員轉運瓷器的狀況做一
比較，據守雞籠的西班牙人在諸多貿易條件上皆屬不利，例如：每年的運輸
船次與規模、資金之儲備、瓷貨預先訂購，以及大量瓷貨堆棧能力，皆完全
無法與南部的荷蘭人相提並論。

三、島內瓷器消費網絡與貿易者

　　早在西元十六世紀後半，西班牙人來到雞籠、淡水以前，福建地區的海
商即已前往臺灣北部進行貿易。到了西班牙人落腳北臺之時，雞籠地區可能
已經有漢人市區（Sangley Parian 即所謂「八聯」、「澗內」）的存在。學者翁
佳音先生考證漢人居住的地點可能有兩處，一處位於基隆社寮島（和平島），
當時稱之為「福州街」或「聖薩爾瓦多（救主）街」，〔註252〕該地延續時間
頗長，直到清代以後，臺灣志書中仍有「福州街舊址，偽鄭與日本交易處」
的紀錄。〔註253〕另一處可能存在的漢人聚落，則位於當地原住民之金包里
社（Quimourije，位於今日社寮島對面的基隆市仁愛區）之內。〔註254〕這個
時期寄居於此的漢人之中，有短期前來貿易的海商，可能也有「壓冬」未回，
長期居住此地的生理人（Sangley），他們所經營的生意，以輸入中國製品或
相關服務性行業為主，而中國陶瓷之銷售，必定為其營商項目之一。這些經
營陶瓷生意之華商，即是將中國陶瓷輸入臺灣的進口商。而華商對於陶瓷生
意經營上的手腕，可從明人周元暐所述華商蘇和的從事海外貿易的小故事中
一窺端倪：

　　　　（蘇和）本微，不能置貴重物，見福橘每百價五分，遂多市之。至
　　　　泊處用趺楪數十，各盛四橘，布舶面上，夷人登舟競取而食，食竟
　　　　後取置袖中，每楪酬銀錢一文，蘇意嫌少，夷復增一文，每錢重一
　　　　錢餘，蓋已千金矣。〔註255〕

〔註251〕江樹生譯註，《熱蘭遮城日誌》，第一冊，頁225。
〔註252〕翁佳音，《大台北地圖考釋》，臺北縣：北縣文化，1998年，頁118～119。
〔註253〕〔清〕余文儀，《重修臺灣府志》，臺北：臺灣大通書局，1984年，頁31。
〔註254〕翁佳音，《大台北地圖考釋》，頁106～111。
〔註255〕〔明〕周元暐，《涇林續記》，北京：中華書局，1985年，頁27。

初來此地的西班牙人，一定對這些精明的中國商人，抱有深刻的印象。西班牙人 Agustino 就曾說：「當士兵有錢時，中國商人前來，並載著很多東西，而士兵沒有錢時，一切都會消失。」〔註256〕

輸入臺灣北部的中國瓷貨，除了一部份由西班牙人購入後，直接裝船轉口運往馬尼拉外，尚有部份供應島內居民的日常所需。而從雞籠分銷送往各地販賣的零售者，可能就不全是漢人所擔任，北臺地區一些特定族屬的原住民，可能在其中扮演了重要的角色，所以這些原住民並不像一般人想像的那樣，全部是被外來者詐欺、剝削的「憨番」，事實上，他們在近代初期的北部商業交易圈中，確實扮演了重要的角色。〔註257〕以北部原住民中的 Taparri 人與 Quimaurri 人為例，二者皆屬於臺灣北部凱達格蘭族中使用馬賽（Bassayer）語的平埔族原住民。〔註258〕有關這兩個社群的分佈狀況與族群歸屬，目前學界尚有岐異。有學者認為 Taparri 人居於今日金山、淡水一帶，即漢人史料中的沙巴里與金包里社。而 Quimaure 人則居住於今日基隆市區、社寮島、萬里一帶，即漢人史料中的大雞籠社。〔註259〕另有學者認為淡水人即為居住於今日三芝鄉的沙巴里人（Taparri），而雞籠人則是居住於金山至三貂一帶的金包里人（Kimauri）。〔註260〕

晚明張燮在《東西洋考》中，描述臺灣北部原住民：

> 淡水人貧，然售易平直，雞籠人差富而慳。每攜貨易物，次日必來言售價不準，索物補償。後日復至，欲以原物還之，則言物以雜，不肯受也，必疊捐少許，以塞所請；不，則喧嘩不肯歸，至商人上山，諸所嘗識面者，輒踴躍延至彼家，以酒食待我，絕島好客，亦自疏莽有韻。〔註261〕

〔註256〕José E. Borao Mateo et al., *Spaniard in Taiwan, Vol. I*, P. 115

〔註257〕翁佳音，〈近代初期北部臺灣的商業交易與原住民〉，《臺灣商業傳統論文集》，臺北：中央研究院臺灣史研究所籌備處，1999 年，頁 59。

〔註258〕李壬癸，〈臺灣北部平埔族的種類及其互動關係〉，收於潘英海、詹素娟主編，《平埔研究論文集》，臺北：中央研究院台灣史研究所籌備處，1995 年，頁 35；翁佳音，〈近代初期北部臺灣的商業交易與原住民〉，頁 66；詹素娟、劉益昌，《大臺北都會區 原住民歷史專輯》，臺北：臺北市文獻委員會，1999 年，頁 114。

〔註259〕詹素娟、劉益昌，《大臺北都會區 原住民歷史專輯》，頁 117～118。

〔註260〕翁佳音，〈近代初期北部臺灣的商業交易與原住民〉，頁 66。

〔註261〕〔明〕張燮 謝方點校，《東西洋考》卷五「東番考」，頁 107。

臺灣北部說馬賽語的平埔族人中，頗有精明狡獪，具有商業能力之族群，而這種認識在清初郁永和的《渡海輿記》中亦有：「金包里，是淡水小社；亦產硫，人性差巧，知會計，社人不能欺」的看法。〔註262〕

至於西班牙傳教士 Esquivel 對於鷄籠、淡水原住民的習性差異，則有以下的描寫：

> Taparris 與 Quimaurris 曾是此島的海盜，且比其他住民狡猾；他們沒有那樣像其他人那樣單純與品性善良。……。淡水（Tamchui）的住民像是農人，以自己的農地維生，並歸屬於自己的村落，但 Quimaurris 則不如此，他們既不耕種，也無收穫，而像是吉普賽人或中國商人一樣生活，來往於各個村落蓋房子、製弓劍、衣服、短柄小斧，預售他們的珠子（cuentas）和寶石（stone）。〔註263〕

對於 Esquivel 來說，Quimaurri 人就像「是其他原住民的手與腳」，他們「如同在西班牙聚落的中國人」。〔註264〕

有時，馬賽語平埔族人所交易的對象也包括西班牙人；1626 年，一位耶穌會士的年度報告中就提到當地原住民會帶來一些食物與西班牙人交換**陶罐**、寶石、瑪瑙與銀，並且說這些原住民熟悉這些物品，並會估計其價格。〔註265〕　而在當地原住民聚落中，有影響力的人，就是擁有最多「寶石、**陶瓷罐**、衣服與穀物的人」。〔註266〕

綜上所述可知，臺灣北部所出現的內部陶瓷交易，大抵是在一個以北部原住民所參與的傳統交通網絡中運作，不僅如此，這個交易圈的範圍，可能更透過近岸航行，轉送至更遠的宜蘭、花蓮一帶。學者翁佳音先生就曾藉由荷蘭資料明確指出，北臺海岸長期存在著一個「淡水——鷄籠——噶瑪蘭——花蓮北部」的沿海往返交通航線。金包里人（指 Quimaurri 人）常到噶瑪蘭地區交易鹿皮與米，而宜蘭與花蓮方面的原住民，則是從金包里人取得鹽漬魚、印花布、醬油，以及銅製手環之類。這些貨物是漢人到鷄籠賣給金包里人，善於水上航行的金包里人再乘艋舺，航至後山與原住民交易。〔註267〕　由

〔註262〕〔清〕劉良璧，《重修福建臺灣府志》，卷十九「雜記」，臺北：臺灣大通書局，1984 年，頁 495。

〔註263〕Josè E Borao Mateo et al., *Spaniard in Taiwan, Vol. I*, p. 183.

〔註264〕Ibid, pp.165-166.

〔註265〕Ibid, p. 88.

〔註266〕Ibid, p. 181.

〔註267〕翁佳音，〈近代初期北部臺灣的商業交易與原住民〉，頁 71～72。

此看來，宜蘭淇武蘭遺址所出土的十七世紀中國貿易陶瓷，可能有一定數量，是與像「金包里人」這樣的貿易中介者有關。而西班牙人、漢人、原住民這三種不同群體，則可能都會在北部各地陶瓷輸入的過程中，分別扮演不同份量的角色。

地圖 2

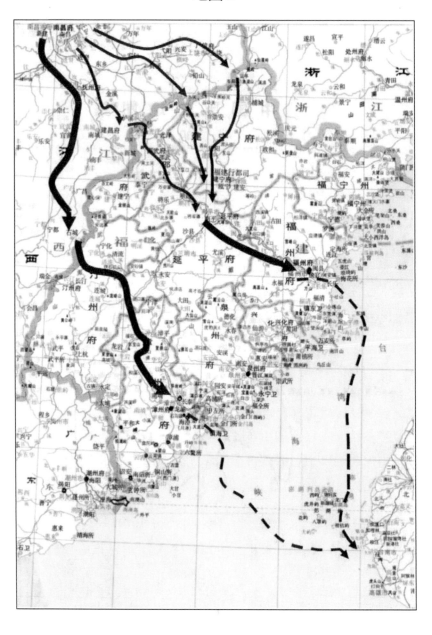

圖 4-1-1：臺南安平熱蘭遮城出土
雙勾填染開光紋青花盤

圖 4-1-2：臺南安平熱蘭遮城出
土　單線勾繪開光紋
青花盤

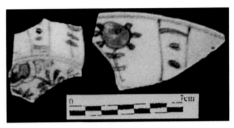

圖 4-1-3：臺南安平熱蘭遮城出土
圓形開光紋青花盤

圖 4-1-4：馬來西亞海域萬曆號
沉船出土
圓形開光紋青花瓷盤

圖 4-1-5：臺南安平三信合作社
後方建築基地出土
開光紋青花瓷盤

圖 4-1-6：土耳其 Topkapi Saray
博物館收藏
開光紋青花瓷盤

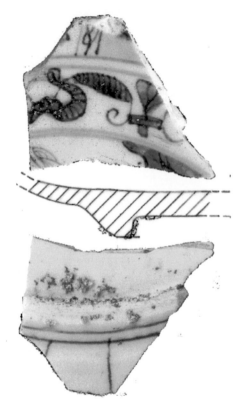

圖 4-1-7：臺南安平熱蘭遮城城
址出土　藍釉白彩瓷

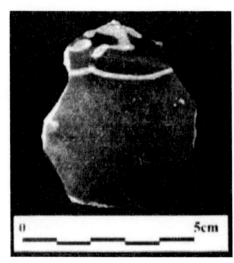

圖 4-1-8：臺南安平熱蘭遮城城址
　　　　　出土
　　　　漳州窯青花盤

圖 4-1-9：臺南永漢文物館舊藏
　　　　　安平地區出土
　　　　漳州窯鹿紋青花盤

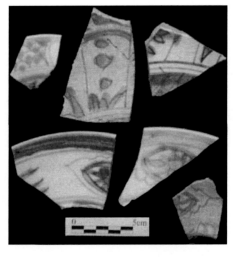

圖 4-1-10：臺南安平熱蘭遮城城
　　　　　　址出土
　　　　　漳州窯釉上彩瓷

圖 4-1-11：臺南安平熱蘭遮城城
　　　　　　址出土
　　　　　漳州窯青瓷

圖 4-1-12：1643 年 Hatcher 號沉
船出土
漳州劃紋青瓷盤

圖 4-2-1：臺南縣新市鄉社內遺
址出土　開光紋青花
瓷（克拉克瓷）

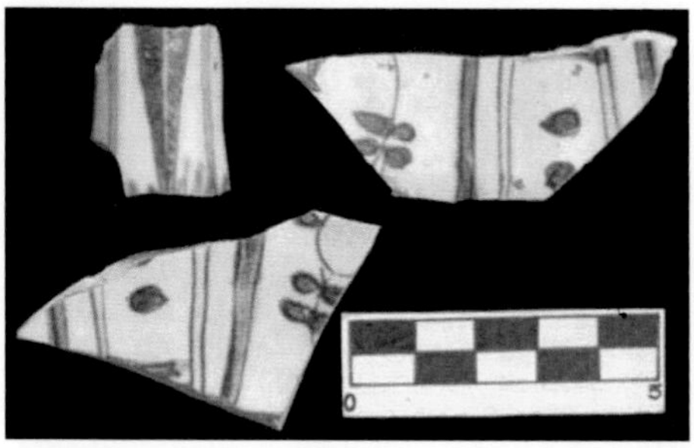

圖 4-2-2：臺南縣新市鄉社內遺址
出土
折枝花草紋青花碗

圖 4-2-3：臺南縣新市鄉社內遺
址出土　藍釉小杯

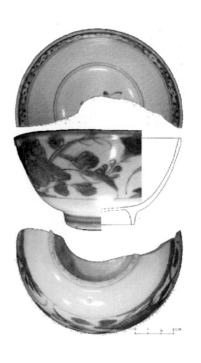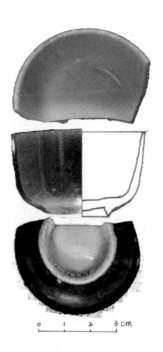

圖 4-2-4：臺南縣新市鄉社內遺址
出土 線圈紋青花碗

圖 4-2-5：臺南縣新市鄉社內遺
址出土
線圈紋澀圈青花碗

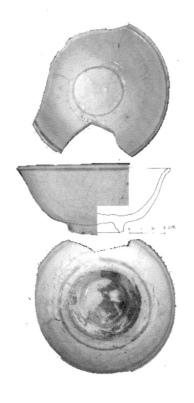
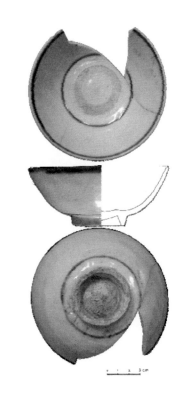

圖 4-2-6：越南中部 Binh Thuan 號沉船出土 線圈紋澀圈青花碗

圖 4-2-7：臺南縣新市鄉社內遺址
出土　鳳紋青花碗

圖 4-2-8：1643 年 Hatcher 號沉船
出土　鳳紋青花碗

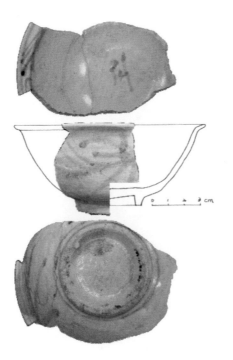

圖 4-2-9：宜蘭淇武蘭遺址出土
開光花草水禽紋青花碗

圖 4-2-10：1600 年 San Diego 號
沉船出土　開光花草
水禽紋青花碗

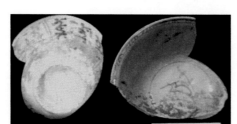

圖4-2-11：臺南縣新市鄉社內遺址
出土
花式開光花草紋青花碗

圖4-2-12：臺南縣新市鄉社內遺
址出土
「魁」字紋青花碗

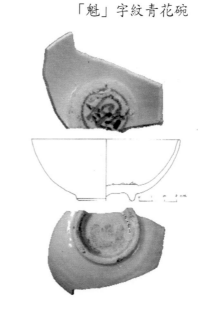

圖4-2-13：臺南縣新市鄉社內遺
址出土
圈帶紋青花碗

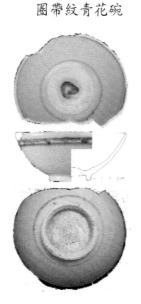

圖4-2-14：臺南縣新市鄉社內遺
址出土
牡丹鳳紋青花盤

圖 4-2-15：臺南科學園區大道公
遺址出土
錦地開光紋青花盤

圖 4-2-16：臺南縣新市鄉社內遺
址出土
花草紋青花盤

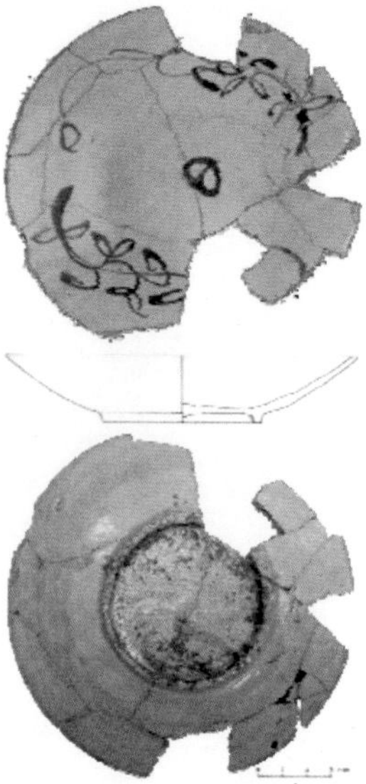

圖 4-2-17：臺南縣新市鄉社內遺
址出土
團花紋青花小盤

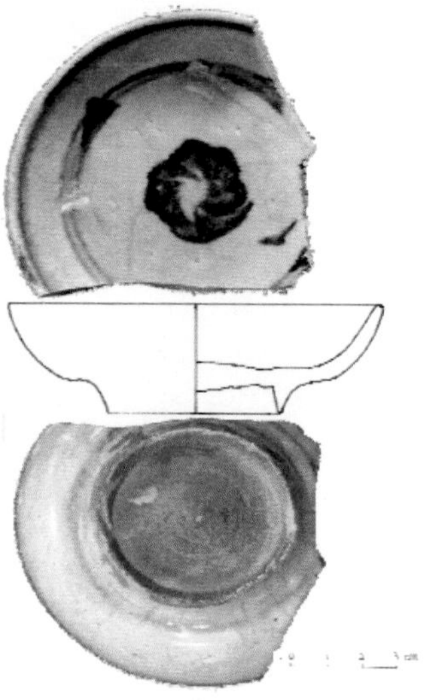

圖 4-2-18：臺南縣新市鄉社內遺
址出土　折沿簡筆花
鳥紋青花小杯

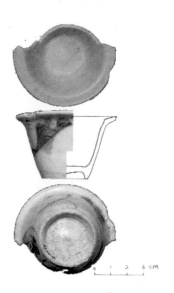

圖 4-2-19：1643 年 Hatcher 號沉　　　圖 4-2-21：菲律賓巴拉望省 Royal
　　　　　船出土　白瓷小杯　　　　　　　　　Captain 險礁沉船出土
　　　　　　　　　　　　　　　　　　　　　　花草紋青花器蓋

圖 4-2-20：臺南縣新市鄉社內遺址　　圖 4-2-22：宜蘭淇武蘭遺址出土
　　　　　出土　花草紋青花器蓋　　　　　　　青花玉壺春瓶

圖 4-2-23：臺南縣新市鄉社內遺
　　　　　址出土
　　　　　青花玉壺春瓶

圖 4-2-24：臺南縣新市鄉社內遺址出土　青花玉壺春瓶

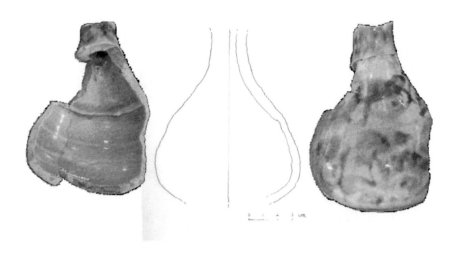

圖 4-2-25：日本九州大分市大有
府內町出土
青花玉壺春瓶

圖 4-2-26：菲律賓巴拉望省 Royal
Captain 險礁沉船出土
青花玉壺春瓶

圖 4-2-27：印尼私人收藏
青花玉壺春瓶

圖 4-2-28：臺南縣新市鄉社內遺
址出土
青花盤口細頸小瓶

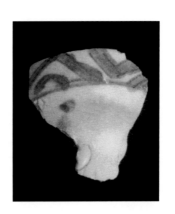

圖 4-2-29：宜蘭淇武蘭遺址出土
漳州窯加彩瓷盤

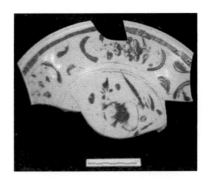

圖 4-2-30：臺南縣新市鄉社內遺
址出土
漳州窯加彩瓷碗盤

圖 4-2-31：臺南科學園區五間厝
遺址出土
白瓷玉壺春瓶

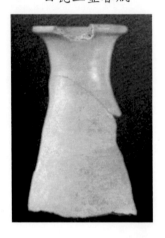

圖 4-2-32：臺南縣新市鄉社內遺
址出土
醬釉細頸罐

圖 4-2-33：臺南縣新市鄉社內遺
址出土
醬釉細頸罐

圖 4-2-34：越南中部 Binh Thuan
號沉船出土
醬釉細頸罐

圖 4-2-35：臺南縣新市鄉社內遺
　　　　　址出土
　　　醬釉玉壺春瓶

圖 4-2-36：臺南縣新市鄉社內遺
　　　　　址出土
　　　醬釉四繫圓腹罐

圖 4-2-37：臺南縣新市鄉社內遺
　　　　　址出土
　　　醬釉雙繫注壺

圖 4-2-38：臺南縣新市鄉社內遺址出土
醬釉三繫大罐

圖 4-2-39：宜蘭淇武蘭遺址出土
醬釉三繫大罐

圖 4-2-40：1600 年西班牙 San Diego 號沉船出土
醬釉三繫大罐

圖 4-2-41：1613 年 Witte Leeuw 號沉船出土　醬釉三繫大罐

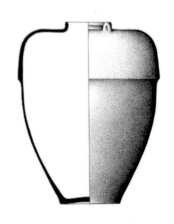

圖 4-2-42：臺南縣新市鄉社內遺
　　　址出土　褐釉四繫罐

圖 4-2-43：宜蘭淇武蘭遺址出土
　　　　　褐釉四繫罐

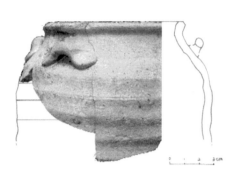

圖 4-2-44：1613 年 Witte Leeuw
　　　號沉船出土　褐釉四
　　　繫罐

圖 4-2-45：明末 Binh Thuan 號沉
　　　船出土　褐釉四繫罐

圖 4-2-46：臺南縣新市鄉社內遺址出土　褐釉劃紋或貼塑紋帶繫罐

圖 4-2-47：宜蘭淇武蘭遺
址出土　褐釉
劃紋帶繫罐

圖 4-2-48：臺南縣新市鄉社內遺址出土
褐釉劃紋或貼塑紋罐殘片

圖 4-2-49：1600 年西班牙 San
　　　　Diego 號沉船出土
　　　　褐釉貼塑紋帶繫罐

圖 4-2-50：1613 年 Witte Leeuw
　　　　號沉船出土
　　　　褐釉貼塑紋帶繫罐

圖 4-2-51：1613 年 Witte Leeuw
　　　　號沉船出土
　　　　褐釉劃紋帶繫罐

圖 4-2-52：明末 Binh Thuan 號沉
　　　　船出土
　　　　褐釉貼塑紋帶繫罐

圖 4-2-53：臺南縣新市鄉社內遺址出土　醬釉四繫弧壁盆

圖 4-2-54：臺南縣新市鄉社內遺
　　　　　址出土
　　　　　褐釉四繫斜壁盆

圖 4-2-55：臺南縣新市鄉社內遺
　　　　　址出土　醬釉弧壁盆

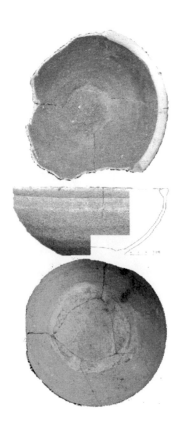

圖4-2-56：臺南縣新市鄉社內遺
　　　　址出土　無柄注壺

圖4-2-57：1643年Hatcher號沉
　　　　船出土　無柄注壺

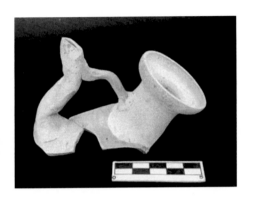

圖4-2-58：臺南縣新市鄉社內遺
　　　　址出土
　　　　　無釉單柄注壺

圖4-2-59：1643年Hatcher號沉
　　　　船出土
　　　　　無釉單柄注壺

圖 4-2-60：宜蘭淇武蘭遺址 M75
墓出土　綠釉軍持流
嘴殘片

圖 4-2-61：日本九州鹿兒島縣寺
園家傳世收藏

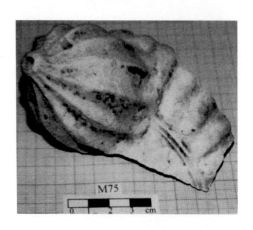

圖 4-2-62：日據時代臺南佳里北
頭洋社公廨供奉的深
綠龍紋浮雕貼塑陶軍
持

圖 4-1-63：1970 年代後期所拍攝
之佳里北頭洋社公廨
供奉之軍持

圖 4-2-64：荷蘭呂瓦登 Princessehof 博物館收藏　鉛釉陶龍紋軍持

圖 4-2-65：日本長崎築町遺跡出土
無釉陶質軍持

圖 4-2-66：暹邏灣所發現之 Si Chang I 沉船出土
無釉陶質軍持

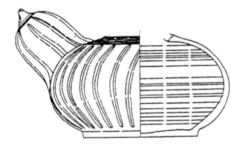

圖 4-2-67：臺南縣新市鄉社內遺址出土　綠釉小罐

圖 4-2-68：台南縣新市鄉社內遺址出土　安平壺

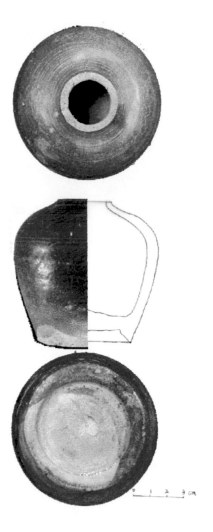

圖 4-2-69：東山鄉吉貝耍公廨供奉　安平壺

圖 4-2-70：日據時代佳里鎮北頭洋公廨供奉　安平壺

圖 4-2-71：日據時代左鎮鄉隙子　　　圖 4-2-72：宜蘭淇武蘭遺址 M36
　　　　　口公廨供奉　安平壺　　　　　　　　號墓及陪葬用　安平壺

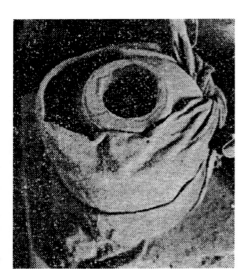

圖 4-2-73：臺南安平熱蘭遮城遺　　　圖 4-2-74：臺南安平熱蘭遮城遺
　　　　　址出土　鹽釉陶殘片　　　　　　　　址出土　荷蘭錫白釉
　　　　　　　　　　　　　　　　　　　　　　藍彩陶殘片

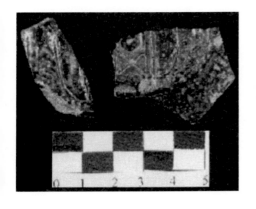

圖 4-2-75：臺南安平熱蘭遮城遺址出
　　土　泰國束頸四繫罐殘片

圖 4-2-76：馬來西亞出土
　　　　泰國束頸四繫罐

圖 4-2-77：日據時代高雄州內文社排灣族頭目家傳世陶罐
（左：a、右：b）

圖 4-2-78：馬來西亞 1460 年代
　　　　　Royal Nanhai 號沉船
　　　　　出土
　　　　　泰國細頸四繫罐

圖 4-2-79：1600 年西班牙 San Diego
　　　　　號沉船出土　泰國束頸
　　　　　四繫罐（前 2）與細頸四
　　　　　繫罐（後 1）

圖 4-2-80：1638 年西班牙
　　　　　Concepción 號沉船出
　　　　　土　泰國細頸四繫罐

圖 4-2-81：宜蘭淇武蘭遺址出土
　　　　　泰國細頸四繫罐

圖4-2-82：臺灣海峽打撈出土　無釉錐形陶杯

圖4-2-83：日本長崎出土　無釉錐形陶杯

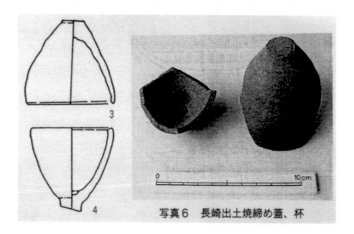

写真6　長崎出土焼締め蓋、杯

第五章 明鄭與清初的臺灣陶瓷貿易

（A.D.1662～1700）

　　南明隆武二年（清順治三年，西元 1646 年），鄭成功舉兵誓師於金門，展開十餘年的抗清活動。南明永曆十六年（1662），鄭成功驅退荷蘭人，以臺灣做為反清復明的基地，二十年後清人領臺，本段時期臺灣的外來陶瓷，呈現出不同的現象。本章將分三個部份；首先分析明鄭初期（1662 至 1664 年）陶瓷貿易概況，繼而以出土實物配合文獻紀錄，討論 1660 年代後半至 1683 年間明鄭在臺灣所經營的陶瓷轉口貿易；第二節以出土實物分析台灣島內外來陶瓷消費狀況，第三節則為 1684 年滿清入主臺灣後，外來陶瓷的進口與貿易模式。

第一節　明鄭時期陶瓷轉口貿易（A.D.1662～1683）

　　1646 年國姓爺鄭成功舉兵抗清之後，逐步接收其父鄭芝龍所擁有海外貿易實力，以資助其大規模武裝軍事活動。對於商船海外興販所獲之利，鄭成功在清廷誘降時稟父書中自言：「東西洋餉，我所自生自殖者也，進戰退守，綽綽餘裕……。」〔註1〕《熱蘭遮城日誌》1655 年 3 月 9 日紀載：鄭成功派了 24 艘中國式帆船從中國沿海駛出：

> 7 艘去巴達維亞，2 艘去東京（按：Tonquin 為越南北部），10 艘去暹邏，4 艘去廣南，1 艘去馬尼拉。〔註2〕

〔註 1〕　〔清〕楊英，《從征實錄》，南投：臺灣省文獻委員會，1995 年，頁 43。
〔註 2〕　江樹生譯註，《熱蘭遮城日誌》，第三冊，臺南：臺南市政府，2003 年，頁 443。

清初郁永河在《裨海紀遊》〈偽鄭遺事〉中論曰：「成功養兵十餘萬，甲、冑、戈、矢，罔不堅利；戰艦以數千計，又交通內地，徧買人心；而財用不匱者，以有通洋之利也。」〔註3〕

1650 至 1662 年間，鄭成功每年大約派出了四十六至五十艘商船，前往日本、中國、東南亞等地貿易活動。〔註4〕此時，荷蘭人與鄭成功之間的貿易競爭激烈，福建沿海輸入臺灣的商品越來越少，以致荷蘭治臺後期，陶瓷貿易量逐漸萎縮。（詳見本論文第四章第一節第（二）段第7部份）

鄭成功從事貿易的出口貨物中，以絲織品與陶瓷器為大宗，而其內地收購與出洋販售業務，多以所屬商業組織「五商」為之。五商分山、海兩路，其中海五商為仁、義、禮、智、信五常，設於福建廈門，以利洋船調發往返；山五商則為金、木、水、火、土五行，設在浙江杭州，因為絲綢歷來多以杭州為集散地，而產於江西的瓷器，亦便於在杭州收購。〔註5〕1650 年代鄭氏所屬商船出洋販售瓷貨的實例，可見於清順治十二年（1655）廣州官憲在雷州海面查扣的一艘鄭氏船隻。據該船主人楊楚等供稱：「冒領同安侯鄭府令牌各一張，牌內具有備寫本府商船一隻，仰本官即便督駕，裝載夏布、瓷器、鼎銚、蜜料等項，前往暹邏通商貿易……。」〔註6〕

清廷為了阻止鄭氏海上活動，在順治十三年（1656）實施海禁令。不久，順治十八年（1661）又發佈遷界令，盡遷浙江、江南、福建、廣東瀕海之民，企圖斷絕沿海地區人民對鄭氏的一切接濟。〔註7〕清廷「堅壁清野」的政策，對鄭氏貿易活動影響不小，加以滿洲軍隊頻頻出擊鄭氏，以及鄭氏部將大量率眾叛逃，明鄭先後失去了金門、思明（廈門島）、銅山（東山島）等沿海佔領區。各種跡象顯示，銷入臺灣的中國陶瓷逐漸斷絕。至於明鄭在 1660 年代初期陶瓷貿易的狀況，則可由 1959 年金門古崗湖發現的明監國魯王朱以海墓出土陶瓷略窺一二（見表 5-5.1）。魯王葬於南明永曆十六年（1662），

〔註3〕　〔清〕郁永河，《裨海紀遊》，「偽鄭遺事」，南投：臺灣省文獻委員會，1999年，頁48。

〔註4〕　楊彥杰，〈1650 年～1662 年鄭成功海外貿易的貿易額和利潤估算〉，《福建論壇》，1982 年 4 期，頁82。

〔註5〕　張菼，〈鄭成功的五商〉，《臺灣文獻》，第 36 卷第 2 期，1988 年，頁 20～21。

〔註6〕　〈兵部殘題本〉《明清史料己編》第五本，407～409 頁，引自臺灣銀行經濟研究室編，《鄭氏史料續編》，南投：臺灣省文獻會，1995 年，頁 723～728，

〔註7〕　浦廉一著，賴永祥譯，〈清初遷界令考〉，《臺灣風物》，第 21 卷 2 期，1971年，頁 151～180。

即鄭成功逝於臺灣數月之後；魯王雖曾貴爲監國，且成功死後甚至有左右如張煌言等人上書勸進「速正大號，以存正統」，魯王之子女亦多與鄭氏聯姻，〔註8〕但是魯王墓中所見陪葬品，僅永曆銅錢數枚，灰青釉瓷碗若干而已。〔註9〕魯王墓所發現之瓷碗，極其粗劣，原應嵌砌於三合土壙墓中（圖5-1-1）；就金門現存壙蓋表面殘存器（圖5-1-2），以及國立歷史博物館所藏完整器觀之，〔註10〕該類瓷碗口徑爲 12 公分，器高 3.5 公分，胎質灰黃，釉色灰青，碗心有大面積無釉圓形澀胎，屬一般日用低檔粗瓷。1662 年魯王下葬之時，金門「島上風鶴，不敢停櫬」，〔註11〕此時的沿海金、廈諸島，已即將陷入戰亂之中，明鄭控制區的中國陶瓷轉口貿易大致斷絕，要一直等到1660 年代後半期，才有機會大規模展開非中國製陶瓷的轉口貿易。

　　鄭成功之子鄭經，於 1662 年嗣立藩主後，持續與滿州對抗，但終在 1664年全面撤出中國沿海。鄭經退歸臺灣之後，改東都爲東寧（今臺南市），仍奉大明永曆爲正朔。爲了籌措抗清戰爭所需之龐大軍費，除經營臺灣各項發展，更於永曆二十年（1666）在忠振伯洪旭的建議下，開展海外貿易：

> 別遣商船前往各港，多價購船料，載到臺灣，興造洋船，烏船，裝
> 白糖、鹿皮等物，上通日本；製造銅熕、倭刀、盔甲，並鑄永曆錢，
> 下販暹羅、交趾、東京各處以富國，從此臺灣日盛，田疇市肆不讓
> 內地。〔註12〕

　　有關明鄭的海外貿易活動，日本學者岩生成一先生曾針對 17 世紀後半華船赴日貿易進行研究，其中亦包含臺灣東寧船隻。〔註13〕臺灣學者鄭瑞明先

〔註8〕　郭堯齡，《魯王與金門》，金門：金門縣文獻委員會，1970 年，頁130、154。
〔註9〕　魯王墓僅出土陶瓷僅灰青釉粗碗，無一青花瓷器。所謂金門出土青花瓷，應爲 1957 年金城所出土者（見本文第三章註 31 引莊申先生之文），二事無關。至於魯王墓出土灰青釉粗碗，嵌砌於三合土壙壁（非水泥紀念塔）之現象，實爲晚明閩南沿海地區之特殊葬俗（見本文第二章註 50 引王文徑先生之文），並非後人無意破壞。故近年金門文物調查研究有誤，見國立歷史博物館編輯委員會編，《金門地區陶瓷史、城牆遺跡、喪葬習俗調查研究》，臺北：國立歷史博物館，2002 年，頁 29～31。
〔註10〕　國立歷史博物館藏陶瓷文物編號 7794；見國立歷史博物館編輯委員會，《國立歷史博物館典藏目錄文物篇（一）》，臺北：國立歷史博物館，1998 年，頁 56、圖 77。
〔註11〕　「皇明監國魯王壙誌」，引自郭堯齡，《魯王與金門》，頁 16。
〔註12〕　〔清〕江日昇，《台灣外記》，卷之六，南投：臺灣省文獻會，1995 年，頁 237。
〔註13〕　岩生成一，〈近世日支貿易に関する数量的考察〉，《史學雜誌》，第 62 編 10號，1953 年，頁 981～1020。

生進一步指出明鄭時期臺灣對日貿易存在著三個高峰期（其分別爲 1665～1672、1675～1679、1682～1683，見圖表 5-1），同時，鄭教授也根據日本史料《華夷變態》的記載，統計出東寧船赴東南亞貿易之數，並討論其貿易狀況。〔註 14〕學者朱德蘭女士對明鄭時期商船之研究，則針對其貿易地、貿易方法與資金等諸項議題進行分析，同時舉出明鄭對外貿易的三項物資，分別爲生絲、砂糖與銅。〔註 15〕

至於陶瓷一項，亦應爲臺灣明鄭經營之貿易項目，但其所販售陶瓷之產地來源及其轉運方式，已經出現了明顯變化。西元十七世紀後半，由於中國沿海大規模海禁、遷界政策以及戰亂頻繁，早已嚴重影響了中國貿易瓷對海外的輸出，而臺灣的明鄭海商集團，爲了突破經濟封鎖困境，除了積極在沿海進行中國陶瓷走私貿易，尚轉向日本等地尋求新的瓷器貨源，並透過其東亞海上航運網絡，將瓷貨轉口銷售至東南亞各地。〔註 16〕以下即透過臺灣出土陶瓷實物以及史料文獻紀錄，討論臺灣明鄭海商對於日本、東京（越北）等非中國陶瓷轉口貿易的經營。

一、臺灣出土的日本肥前陶瓷

明鄭時期臺灣轉口日本肥前瓷器雖略見於史料記載，但直至 1990 年代以前，臺灣考古出土相關陶瓷遺物實不多見。早在 1993 年，日本學者坂井隆先生在臺灣考古出土肥前陶瓷被確認之前，即率先指出了臺灣明鄭政權與日本肥前瓷器外銷的關聯性。〔註 17〕近年來臺灣出土日本肥前瓷器日多，以下便逐一分述高雄鳳山舊城、臺南縣社內遺址，以及臺南市區與安平熱蘭遮城遺址出土的肥前青花瓷器類及其外觀特徵。〔註 18〕

〔註14〕鄭瑞明，〈臺灣明鄭與東南亞之貿易關係初探——發展東南亞貿易之動機〉，《國立臺灣師範大學歷史學報》，第十四期，1986 年 6 月，頁 57～108。

〔註15〕朱德蘭，〈清初遷界令時明鄭商船之研究〉，《史聯雜誌》，第七期，1985 年，頁 18～41。

〔註16〕坂井隆，〈台湾のイマリ——十七世紀後半の交易拠点〉，《陶説》，第 533 号，1997 年，頁 24～36。

〔註17〕坂井隆，〈肥前陶磁の輸出と鄭氏・バンテン王国〉，《東南アジア歴史と文化》，No. 22，1993 年，頁 67～91。

〔註18〕本章所引臺南]新市社内遺址陶瓷遺物，皆爲中央研究院歷史語言研究所李匡悌教授提供實物所進行研究之成果，以下文後不另標註出處。

（一）高雄鳳山舊城

高雄市左營區鳳山舊城遺址，在明鄭時期屬萬年縣，爲鄭軍左衝鎮左營、左衝鎮前鋒營之營盤田所在地。〔註 19〕十七世紀六十年代以後，明鄭官方實施軍事營盤屯墾，之後逐漸發展成新興漢人聚落。該地於 1988 年，由臧振華、高有德、劉益昌三位考古學者進行發掘，出土大量清代貿易陶瓷，其中有幾件包含「宣明」款青花碗在內的日本製青花瓷標本（圖 5-1-3）。〔註 20〕到了 1997 年，上述標本始由臺灣與日本學者先後撰文討論，確認其爲十七世紀後半日本肥前窯青花製品。〔註 21〕

（二）臺南縣社內遺址

社內遺址位於臺南縣新市鄉社內村聚落的西北側，被認爲屬西拉雅族（Siraya）新港社舊址。社內遺址出土之外來貿易陶瓷中，除大量中國明、清陶瓷外，尚發現數件日本肥前瓷器，器形包括碗、盤、瓶形器、〔註 22〕小杯。以下分述：

1、肥前窯折沿開光紋青花盤

口徑復原後應爲 22 公分，器形特徵爲敞口，折沿，弧壁，足形不明。青花發色藍中帶紫，單線勾繪。盤外壁紋飾爲減筆開光紋，盤沿內壁爲錦地開光花卉紋、傘紋，爲模仿中國晚明景德鎮窯錦地開光紋青花外銷瓷，西方俗稱「克拉克瓷」，日人稱之爲「芙蓉手」（圖 5-1-4）。本件標本應爲日本九州肥前地區有田諸窯所燒製，窯址出土品見於內山諸窯以及外尾山窯的猿川窯、椑古場窯等地，時代約西元 1660～1670 年代。同類海外出土遺物，見於印尼爪哇島萬丹（Bantam）遺址、〔註 23〕爪哇島巴達維亞 Jalan Kopi 遺址（圖 5-1-5），〔註 24〕菲律賓馬尼拉市西班牙時期 Intramuos 城，〔註 25〕中美

〔註 19〕戴寶村，〈打狗的地理環境與歷史發展〉，《高雄歷史與文化論集》，高雄：財團法人陳中和翁慈善基金會，1994 年，頁 66。

〔註 20〕臧振華、高有德、劉益昌，〈左營清代鳳山縣舊城聚落的試掘〉，《中央研究院歷史語言研究所集刊》，第六十四本第三分，1993 年，頁 813、圖版 11。

〔註 21〕謝明良，〈左營清代鳳山縣就成聚落出土陶瓷補記〉，《台灣史研究》，第三卷第一期，1997 年，頁 229～244；坂井隆，〈台灣のイマリ——十七世紀後半の交易拠点〉，頁 24～36。

〔註 22〕野上建紀、李匡悌、盧泰康、洪曉純，〈台南出土の肥前磁器——17 世紀における海上交易に関する考察——〉，《金大考古》，No. 48，2005，頁 6～10。

〔註 23〕大橋康二、坂井隆，〈インドネシア・バンテン遺跡出土の陶磁器〉，《国立歷史民俗博物館研究報告》，No. 82，1999 年，頁 71、第 5 圖 99。

〔註 24〕大橋康二，〈東南アジアにされた輸出肥前陶磁〉，《「海を渡った肥前のやき

洲墨西哥市，〔註 26〕以及瓜地馬拉 Antigua 之聖多明哥修道院等地（圖 5-1-6）。〔註 27〕

2、肥前窯雲龍紋青花碗

口徑 15 公分，器高 6.7 公分。造形特徵爲直口，弧壁，圈足細直。青花發色灰藍，以線描法與分水法重疊繪染紋飾，用筆快速簡約。碗外壁可見簡筆雲龍紋尾部及流雲紋。碗心殘破，僅可見「m」形線紋，原應爲簡筆波濤躍魚紋（日人稱之爲「荒礒文」）之上半部（圖 5-1-7）。此青花碗應爲日本九州肥前地區波佐見窯、嬉野窯、三川內諸窯所燒製，時代約西元 1660～1680 年代。同類海外出土遺物見於越南中部會安（Hoi An）遺址、〔註 28〕泰國大城府（Ayutthaya）Chao Phraya 河打撈遺物等（圖 5-1-8）。〔註 29〕

3、肥前窯雙勾花卉紋青花碗

口徑 11 公分，圈足徑 5 公分，器高 5.9 公分。造形特徵爲直口，斜弧壁，足壁高直。青花發色藍中帶紫，雙勾塡色，分水法暈染筆觸明顯。碗外壁紋飾爲雙勾折枝花卉紋，碗心正中有團狀花草紋。圈足內有二字直書「宣明」青花款（圖 5-1-9）。產地應爲日本九州肥前地區有田諸窯所燒製。時代約爲西元 1660～1670 年代。日本產地出土之類似「宣明」款花草紋碗，見於佐賀縣西松浦郡有田町幸平遺跡 A-3 區 5a 層發掘遺物。〔註 30〕

4、肥前窯青花瓶形器〔註 31〕

　　　　もの」展》（佐賀縣：佐賀縣立九州陶磁文化館，1990 年，頁 122、圖 265。

〔註25〕野上建紀 Alfredo B. Orogo 田中和彥 洪曉純，〈マニラ出土的肥前磁器〉，《金大考古》，No. 48，2005 年，頁 1～5。

〔註26〕同上註，頁 4。

〔註27〕原文將 Fig. 8 所示四件標本視爲中國製品，但本文作者認爲該圖中至少有三件標本的紋飾與青料勾染特徵，應屬日本肥前磁器，見 George Kuwayama, and Anthony Pasinski, "Chinese Ceramics in the Audiencia of Guatemala," *Oriental Art*, Vol. XLVIII, No. 4, 2002, p. 30, fig. 8.

〔註28〕菊池誠一編，《ベトナム日本町ホイアンの考古學調查》，昭和女子大學国際文化研究紀要，Vol. 4，1997 年，頁 43、圖 23。

〔註29〕大橋康二，〈東南アジアにされた輸出肥前陶磁〉，《「海を渡った肥前のやきもの」展》，頁 158～160、圖 362～371。

〔註30〕村上伸之、野上建紀編著，《幸平遺跡——佐賀縣西松浦郡有田町幸平二丁目 1521・1522 番地的調查》，佐賀縣：有田町教育委員會，2002 年，頁 138、PL. 3-15 之 Fig. 3-17-3。

〔註31〕2004 年筆者參與整理社内標本時，判定該標本爲江西省景德鎮窯產品，感謝野上建紀博士訂正其誤，現予以更正，見李匡悌，《三舍暨社内遺址受相關水

弧壁器身殘片，殘高 3.5 公分。外壁紋飾可見介字點草葉紋，內壁無釉露胎，有拉胚痕。產地應為日本九州肥前地區有田諸窯所燒製（圖 5-1-10）。時代可能約西元 1650～1680 年代。類似日本窯址發現遺物，見於有田町外山地區多多良之元窯跡 C 窯址出土長頸青花瓶（圖 5-1-11）。〔註32〕

5、肥前窯竹枝紋青花小杯〔註33〕

口徑 8 公分，器高 4.3 公分，圈足寬 3 公分。造形特徵為侈口，斜弧壁，圈足尖細。外壁勾繪竹枝紋，內壁無紋飾，足底有「大明」豎寫款（圖 5-1-12）。

本件小杯施釉及底，圈足切修細緻，足底尖圓無斜刀切修。（一般景德鎮窯產品，無論產品大小，足底外壁皆有斜刀切修）而器底款識「大明」二字之「大」字，撇筆寫法奇特，線條向上圓弧勾轉，不似中國人書法用筆傳統。故筆者認為此件青花小杯可能為日本肥前窯產品。

（三）台南市區與安平熱蘭遮城

1、肥前窯山水紋青花小瓶

共兩件，為臺南市文化局收藏，現陳列於台南市鄭成功文物館，為少數官方單位收藏之重要明鄭時期肥前窯青花瓷遺物。例舉其中一件（文化局文物編號 5040116-1765），器高 9.15 公分，口徑 3.4 公分，底徑 4.65 公分，器形特徵為撇口，細頸，肩部斜削，肩部以下弧收，臥足，器底底心尖突，並有細微開裂紋。通體施釉，器底亦滿釉，青料發色藍中帶灰，器身上下勾畫藍圈，內繪簡筆山水紋（圖 5-1-13a、b、圖 5-1-14）。〔註34〕海外發現相同肥前青花小瓶，可見於泰國 Thao Khot 寺出土品（圖 5-1-15）。〔註35〕

過去臺灣、日本學者皆認定此二小瓶為來源不明之傳世收藏，但參照早期臺灣史學者黃典權先生所輯資料，可知其應為臺南市南郊蛇仔穴墓地發現

利工程影響範圍搶救考古發掘工作計劃期末報告》，臺北：中央研究院歷史語言研究所，2005 年，圖版 105。

〔註32〕村上伸之、野上建紀編著，《有田の古窯——町內古窯跡詳細分布調查報告書第 11 集》，佐賀縣：有田町教育委員會，1998 年，頁 232、240、241 圖 8；感謝野上建紀博士告知上述窯址出土青花瓶應為西元 17 世紀末至 18 世紀初之物，年代稍晚於臺南社內遺址出土品。

〔註33〕2004 年筆者參與整理社內標本時，判定本件標本為江西景德鎮窯器，現予以修改，見李匡悌，《三舍暨社內遺址受相關水利工程影響範圍搶救考古發掘工作計劃期末報告》，圖版 96。

〔註34〕感謝臺南市文化局提供實物及相關資料，以利筆者進行測繪與記錄。

〔註35〕大橋康二，《「海を渡った肥前のやきもの」展》，圖 350。

之南明永曆三十六年（1682）夫人洪氏墓出土陪葬瓷器，原應有四件，現僅存兩件（圖 5-1-16，見表 5-5）。而在臺南市文化局登錄資料中，則註明該青花小瓶為：「日治時期台南大南門外清塚之時，由明墓洪夫人墓內出土之殉葬品」。

此兩件肥前青花小瓶年代甚為明確，屬明鄭治臺末期之物，同時亦可做為日本肥前瓷器研究之標準紀年器。

2、肥前窯山水紋青花碗

臺南市海安路地下街工程採集。〔註36〕器底殘片，殘高 3.7 公分，器身弧壁，圈足徑 5 公分，圈足外高 0.7 公分，足底壁寬 0.2 公分；青花發色藍中帶紫，以分水法暈染紋飾，筆觸明顯，碗外壁近圈足處，可見坡石草葉紋。圈足內有四字二排直書「宣明年製」青花款，但字形筆劃已趨於簡化，不易辨識（圖 5-1-17）。產地應為日本九州肥前地區有田內山諸窯所燒製。時代約為西元 1660～1670 年代。

3、肥前窯青花小碗

出土於臺南安平熱蘭遮城，碗形器，僅底部殘片。復原後底徑約為 4.2 公分，圈足高 0.65 公分。外壁為纏枝花草紋，圈足內勾繪青花雙圈，應為 1670～1690 年間肥前製品，燒造窯址待查。〔註37〕

4、肥前窯唐津二彩陶器

出土於臺南安平熱蘭遮城，以盤、甕、罐、壺形器為主（圖 5-1-18），高溫硬質陶，器表或內壁施以白色化妝土刷抹波浪形複線紋飾帶後，再施銅綠、鐵褐彩，最後罩以透明釉燒成（圖 5-1-19）。此類施釉硬陶為九州肥前地區唐津窯燒造，燒製年代約在 1660～1680 年左右，類似唐津燒盤形器已出土於東南亞多個國家。〔註38〕

二、明鄭時期日本肥前陶瓷的轉口輸出

十七世紀中期以後的中國陶瓷外銷，受到中國沿海戰亂的影響，輸出數量大為減少，加上清廷在沿海地區實施海禁與遷界，意圖斷絕鄭成功的貿易

〔註36〕感謝鄭文彰先生提供筆者標本進行研究。
〔註37〕劉益昌、王淑津，〈2005 年熱蘭遮城遺址出土的十七肥前陶瓷〉，《熱蘭城考古試掘計畫通訊月刊》，第 13 期，2005 年，10 月號，頁 15～16。
〔註38〕同上註，頁 16～20。

接濟，陶瓷對外輸出更形困難。在這種狀況下，日本九州地區的肥前窯業適時興起，取代了部份中國貿易瓷在海外的原有市場。而在這個中、日瓷器輸出呈現消長變化的過程中，合法居留日本貿易的荷蘭東印度公司與華商，皆對日本陶瓷的外銷，居功甚大。據統計，從 1650 年至 1682 年間，約有 400 萬件肥前陶瓷被輸出，其中有約一百九十八萬件是由荷蘭船隻所運送的，而華商（唐船）的輸出量則在兩百零三萬左右。〔註 39〕事實上，中國人在肥前瓷器的原料供應與製作技術上，也提供了相當大的協助。例如從 1650 年以後的荷蘭東印度公司紀錄中，就不斷有中國製瓷原料輸入日本長崎。〔註 40〕而日本有田的數處窯址發掘的陶瓷遺物中，也發現了落有「三官」、「五官」、「鄭某」銘文的殘片，被認爲是華籍人士所屬的姓名。據此，日本學者坂井隆先生就曾列舉「技術轉移」、「原料供給」、「市場佔有」、「產品運輸」、「政策意圖」等數項論點，認爲當時留日華商中最具有勢力的鄭成功所屬華商集團，應在肥前瓷器的生產與外銷上，實扮演了積極而重要的角色。〔註 41〕

　　1662 年鄭成功驅逐荷蘭人，其後繼者鄭經亦積極從事國際貿易。而長期來往日本經營東亞貿易的鄭氏海商，在面臨中國貨源短缺的情況下，當然也將日本肥前的伊萬里瓷器（以其貿易出口港而得名），視爲重要貿易物資之一。臺灣明鄭商船從事陶瓷貿易的狀況，遍見於荷蘭、日本、英國、西班牙史料中，然多爲零星片面記載。首先是荷蘭、日本相關史料中，可見不少華船輸出日本陶瓷的記載（見表 5-1），其中亦有明確屬於臺灣東寧船隻者（見表 5-2）。例如如 1664 年暹邏的荷蘭東印度公司商館報告，捕獲了一艘載有大量日本瓷器的鄭氏東寧船隻：

> 一艘發航自日本屬於中國人的戎克船，被捕獲載有 3090 捆日本瓷器、一箱與一小草捆日本瓷杯。該戎克船的船長必定是一個「長髮」中國人，一個國姓爺的人，有別於稱臣滿州政權而「薙髮」的中國人……。國姓爺的戎克船被視爲公司的敵人，且必將不會得到此地

〔註 39〕山脇悌二郎，〈唐・蘭船の伊萬里燒輸出〉，轉引自坂井隆，〈台湾のイマリ――十七世紀後半の交易拠点〉，頁 28。

〔註 40〕T. Volker, *Porcelain and The Dutch East India Company*（Leiden, holland: E. J. Brill, 1971），p. 124..

〔註 41〕坂井隆，〈台湾のイマリ――十七世紀後半の交易拠点〉，頁 28～29；坂井隆，〈肥前磁器（伊萬里）の發展と 17 世紀後半のアジア陶磁貿易出土資料〉，《田野考古》，九卷一、二期，2004 年，頁 6。

> 極爲必要之公司通行證。〔註42〕

英國東印度公司於 1670 年，開始與臺灣明鄭進行貿易接觸，並於 1671 年在臺灣安平設立商館。1676 年，英國船 Eagle 號就從臺灣載運了一批日本瓷器至印尼萬丹。〔註43〕到了 1675 年鄭經西征後，重新收復了廈門島，英人遂在廈門設立商館。根據《閩海紀要》所載當時廈門的狀況爲：

> 先是廈門爲諸洋利藪，癸卯破之，番船不至，至是，英圭黎及萬丹、暹邏、安南諸國貢物於經，求互市，許之；島上人烟，輻輳如前。

〔註44〕

1677 年，英國船 Bantam Pink 號便從廈門載運了一些粗瓷至萬丹。

〔註45〕

上述荷、英文獻紀錄，若對應於臺南社內遺址出土的青花雲龍荒磯紋碗，可知其爲日本肥前窯業因應東南亞市場的餐飲需求所燒製的外銷產品，並不適用於該國國內市場，〔註46〕相同出土陶瓷遍見於東南亞的廣南、暹羅、巴達維亞、萬丹等地，應證了臺灣鄭氏集團與東南亞地區的貿易聯繫，而肥前瓷器之轉口輸出，實爲透過明鄭所屬商團、英國東印度公司，以及其他東南亞華商所運送。

此外，明鄭轉口的日本瓷器，可能亦透過英國東印度公司輸出至印度馬德拉斯，甚至是歐洲的本國倫敦。〔註47〕例如 1681 年 8 月 12 日，倫敦主管致信廈門商館：「日本屏幛、中國瓷器（chinaware）與其它罕見的中國貨品，以 2000 元（dollars）的好價格購買。」〔註48〕而在同一信件中，倫敦主管也

〔註42〕 T. Volker, *Porcelain and The Dutch East India Company*, P. 206.

〔註43〕 Ibid, p. 214.

〔註44〕 〔清〕夏琳，《閩海紀要》臺北：臺灣大通書局，1984 年，頁 48，

〔註45〕 所謂「粗瓷」，可能是指日本肥前粗質青花，也可能是明鄭走私出口之福建粗質陶瓷，引文見 T. Volker, *Porcelain and The Dutch East India Company*, P. 214 ～215.

〔註46〕 大橋康二，〈東南アジアにされた輸出肥前陶磁〉，《「海を渡った肥前のやきもの」展》，頁 100。

〔註47〕 坂井隆，〈肥前磁器（伊萬里）の發展と 17 世紀後半のアジア陶磁貿易出土資料〉，頁 13；坂井隆，〈台湾のイマリ——十七世紀後半の交易拠点〉，頁 33。

〔註48〕 Chang Hsiu-Jung, Anthony Farrington, Huang Fu-San, Ts'ao Yung-Ho, Wu Mi-Tsa, Cheng His-fu, Ang Ka-In, *The English Factory in Taiwan* (Taipei: National Taiwan University, 1995,) p. 446；所謂「中國瓷器」，日本學者坂井隆先生指出其應爲代替景德鎮窯器之日本肥前仿製品，而英人眼中的 chinaware 一詞，並無

提示了商館人員在廈門選購瓷貨的方向：

在中國瓷器（chynaware，同前 chinaware）上，要注意精美的大杯子與瓶罐皆超出估價。所有各式瓷盆需求普通。但將使吾人大為獲利的是各種類、尺寸與顏色的杯子，以及一些人偶與流行物的各種小玩具，越奇特與新奇就越好，且在你的貨包內越多樣化它們就越會被接受（exceptable（sic））。〔註49〕

至於菲律賓的西班牙海關紀錄，亦顯示了從 1664 年至 1684 年間，不斷有臺灣船隻轉口包含日本肥前窯在內的各式瓷器，運抵菲律賓的馬尼拉港（見表 5-3）。臺南社內遺址出土的折沿開光紋肥前青花盤，為西方市場所需之典型外銷瓷，同類遺物可見於菲律賓馬尼拉市 Intramuos 城，可完全對應於明鄭時期臺灣東寧船隻將日本瓷器，轉口運至菲律賓的西班牙史料紀錄。至於相同開光紋盤在中美州墨西哥、瓜地馬拉的發現，更揭示了這類由臺灣轉口輸出的貿易瓷，已經透過西班牙的大帆船航線，遠銷至太平洋彼端的美洲市場。

臺灣南部新出土的各類肥前青花，不僅反映出台灣明鄭集團「上通日本……下販暹羅、交趾、東京各處以富國。」的歷史事實，〔註50〕同時也顯示十七世紀六十年代至八十年代初期，臺灣在東亞航運貿易上所扮演的重要角色。清初郁永河在〈偽鄭遺事〉中就評論到：

我朝嚴禁通洋，片板不得入海，而商賈壟斷，厚絡守口官兵，潛通鄭氏以達廈門，然後通販各國。凡中國各貨，海外人皆仰資鄭氏；於是通洋之利，惟鄭氏獨操之，財用益饒。〔註51〕

大體說來，臺灣明鄭時期的陶瓷轉口貿易模式，與荷蘭時期大致相同，但其陶瓷貿易政策可能已有若干調整；就出土遺物現象看來，日本肥前瓷器應為大宗貿易物資，貨源穩定，且不受中國沿海封鎖影響，多由東寧船隻在日本裝船後，成批轉口運至廈門，或直接銷售東南亞牟利。

中、日製品差異，筆者亦認同意此一看法，因英國商人在意瓷貨品質，而非其產地來源，見同上註。

〔註49〕Chang Hsiu-Jung, Anthony Farrington, Huang Fu-San, Ts'ao Yung-Ho, Wu Mi-Tsa, Cheng His-fu, Ang Ka-In, *The English Factory in Taiwan*, p. 447.

〔註50〕〔清〕江日昇，《臺灣外記》，卷之六，頁 237。

〔註51〕〔清〕郁永河，《裨海記遊》，「偽鄭遺事」，頁 48。

圖表 5-1：臺灣東寧船隻航赴日長崎貿易數量統計圖

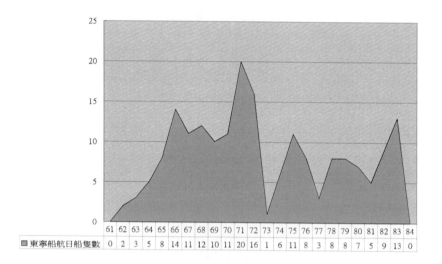

	61	62	63	64	65	66	67	68	69	70	71	72	73	74	75	76	77	78	79	80	81	82	83	84
東寧船航日船隻數	0	2	3	5	8	14	11	12	10	11	20	16	1	6	11	8	3	8	8	7	5	9	13	0

＊本表引自鄭瑞明，〈臺灣明鄭與東南亞之貿易關係初探——發展東南亞貿易之動機〉，《國立臺灣師範大學歷史學報》，第十四期，1986 年 6 月，頁 57～108。

表 5-1：1661～1682 荷蘭東印度公司紀錄中的華船運送日本瓷器紀錄

日　期	內　　　　　容	頁　數
1661	一艘戎克船經由廣南抵達巴達維亞，載有 1100 件日本瓷器啤酒罐以及 5900 件日本瓷杯。	205
1664	一艘中國戎克船，明顯來自日本，進口（至巴達維亞）83090 件日本瓷器。	206
1667	兩艘戎克船從日本運送了 600 捆粗瓷器、900 捆大的與小的碟子、850 捆小杯、30 捆盤子與 100 捆茶盤。每捆 20 件，總數至少 49000 件。	208
1667	中國戎克船經由廣南運送了 4000 件粗瓷器至萬丹，但無提及其來源。	208
1668	戎克船從日本運送了 400 件盤	209
1669	一艘中國戎克船經由東京載運瓷器來到萬丹	209
1669	兩艘巴達維亞中國人的戎克船從日本載運了 8000 件粗碟，21500 件粗小盤，600 件精美碟，三種尺寸，每種 200 件，500 件小盤，50000 件飯碗，7100 件小的與大的蓋杯，共 87700 件。	209
1669	另一艘戎克船從日本抵達（巴達維亞）載運了 2000 件大粗碟，1500 件「彩繪」碟，6000 件盤，9000 見有蓋或無蓋小杯，4000 件非常粗的小碟，1500 件非常大的碟與 3750 件小的「彩繪」碟，共 27750 件。	209

1671	由中國人的戎克船從日本載來 8500 件蓋碗，4500 件碟，900 件紅色小杯，2500 件小盤，700 件軍持（gorgelets），40000 件 arrack 酒杯，3000 件大蓋碗，與 100 件粗大碗。	210～211
1671.1.10	一艘戎克船載運粗瓷器從長崎航往廣南。	158
1672	由中國人的戎克船從日本載來（巴達維亞），4000 件粗瓷碟，以及 12000 件較小尺寸的（碟），3300 件盤，5000 件蓋杯（Volker 重述其應為碗），600 件軍持，7500 件小的與大的杯，以及 2500 件彩繪的碗。	211
1674	由戎克船從日本載來（巴達維亞）4600 捆各式瓷器與 2 桶茶杯	213
1674	一艘中國人的戎克船載運日本瓷器至萬丹	213
1678.1.18	一艘中國人的戎克船從日本載運了包含大批瓷器的貨物抵達萬丹。	215
1679	由戎克船從日本載運了 6102 捆瓷器，3 個洗滌盆，一個裝有瓷盤的衣箱，一桶瓷器抵達巴達維亞。	215
1680	一艘中國人的戎克船載運日本瓷器至萬丹	216
1681	巴達維亞中國人的戎克船從日本載運了 9418 捆各式瓷器	217

* 本表資料引自 T. Volker, *Porcelain and The Dutch East India Company*（Leiden, Holland: E. J. Brill, 1971）．

表 5-2：荷蘭與日本紀錄中的臺灣東寧船運送日本瓷器紀錄

日　　期	內　　　　容	頁　數
1664	一艘發航自日本屬於中國人的戎克船，被捕獲載有 3090 捆日本瓷器、一箱與一小草捆日本瓷杯。該戎克船的船長必定是一個「長髮」中國人，一個國姓爺的人，有別於稱臣滿州政權而「薙髮」的中國人……	A：206
1666.11.16	一艘中國人的戎克船載運粗瓷器從長崎航往臺灣。	A：154
1670.11	四艘戎克船（從日本）航往臺灣，載有精細與粗糙瓷器	A：157
1671.1.30	（發航自長崎）兩艘戎克船航往暹邏，一艘航往臺灣，「多數載運粗瓷器」。	A：158
1681	二番臺灣船　　各種陶器　　　1050 個 三番臺灣船　　各種陶器　　　300 個 五番臺灣船　　各種陶器　　　100 個 六番咬留巴船　各種陶器　　　1500 個	B：34

* 本表資料 A：T. Volker, Porcelain and The Dutch East India Company（Leiden, Holland: E. J. Brill, 1971）．

　　B：永積洋子，〈帰帆荷物買渡帳〉，《唐船輸出入品數量一覽 1637～1833》，轉引自坂井隆，〈台湾のイマリ──十七世紀後半の交易拠点〉，《陶説》，第 533 号，1997 年，頁 34。

表 5-3：1664～1684 馬尼拉海關紀錄中臺灣船輸往菲律賓陶瓷名稱
　　　　與數量表

抵菲日期	陶瓷種類及數量	抵菲日期	陶　瓷　種　類　及　數　量
1665.4.18	茶壺	1681.1.8	4500 個精緻盤子、7500 個小碗
1666.4.2	日本盤子	1682.4.15	20 捆大碗
1668.4.5	盤子	1683.4.11	1800 個精緻盤子
1672.4.19	碗	1684.1.31	500 個碗
		1684.3.4	2000 個盛湯用的碗

＊本表內容整理自方眞眞，〈明鄭時代臺灣與菲律賓的貿易關係──以馬尼拉海關記錄爲
中心〉，《臺灣文獻》，五十四卷第三期，2003，頁 81～82、表 11。

三、臺灣新發現的越南北部東京陶瓷

　　臺灣首度發現之越南北部東京陶瓷，出土於台南縣新市鄉社內遺址，目
前已確定有兩件，屬釉下褐彩碗（日文稱「鉄絵」）碗形器）。﹝註 52﹞以下分
述：

（一）簡筆花草紋釉下褐彩碗

　　口徑 15 公分，圈足徑 7.7 公分，器高 6.1 公分，圈足外高 1.2 公分，足底
壁寬 0.4 公分。造形特徵爲直口微敞，斜弧壁，器底接近圈足處轉折明顯，挖
足過肩，圈足粗寬，足形切修外斜內直。釉色透明偏黃，釉面有些許細碎開
片，施釉不及底。器壁內外勾繪筆花草紋，碗心澀圈無釉（圖 5-1-20）。相同
造形與圈足切修方式之海外考古品，見於日本長崎万才町遺跡出土印花紋（判
印手）釉下褐彩碗（圖 5-1-21），年代爲十七世紀後半至十八世紀前半。﹝註 53﹞
相同造形與紋飾之窯址出土品，則見於越南北部海防省（Hai Phon）鄰近 Ke Sat
河之 Hop Le 窯（圖 5-1-22），﹝註 54﹞故筆者判定其年代應爲十七世紀後半。

﹝註 52﹞ 2004 年筆者參與整理社內標本時，無法判定此二件標本產地，僅稱其「可能
非中國所產」，現予以更正，見李匡悌，《三舍暨社內遺址受相關水利工程影
響範圍搶救考古發掘工作計劃期末報告》，圖版 26、70。
﹝註 53﹞ 森本朝子，〈日本出土のベトナムの陶磁とその產地〉，《東洋陶磁》，1993～
94 年、1995 年，Vol. 23-24，頁 50。
﹝註 54﹞ 同上註，48～50；森本朝子，〈ベトナム陶磁研究の現狀──近年の古窯址發
掘の成果を中心に〉，收於《東南アジアの茶道具》，京都：茶道資料館，2002
年，頁 185～186。

（二）碗心圈花紋釉下褐彩碗

　　口徑不明，圈足徑 7.8 公分，器高不明，圈足外高 1.06 公分，足底壁寬 0.5 公分。造形特徵為弧壁，器底接近圈足處轉折明顯，挖足過肩，圈足粗寬，足形切修外斜內直。釉色透明偏黃，施釉不及底。碗心澀圈無釉，內有簡筆圈花紋（圖 5-1-23）。相同器形與圈足切修方式之海外考古發掘品，亦為日本長崎万才町遺跡出土之印花紋（判印手）釉下褐彩碗（圖 5-1-21）。〔註55〕類似紋飾之越北陶瓷遺物，則可見於堺環濠都市遺跡，但其器形與圈足切修方式，屬十六世紀後半至十七世紀前半之物（圖 5-1-24）。〔註56〕故筆者判定社內遺址出土者，應同屬越南北部 Hop Le 窯產品，年代則略晚於堺環濠都市遺跡出土之同類器，約為十七世紀後半之物。

四、明鄭時期的東京陶瓷貿易

　　西元十七世紀後半，中國瓷器輸出量減少，但是海外各地市場對陶瓷的需求仍然殷切，除了日本九州肥前窯業之外，另一個隨之興起的窯業中心，則是位於越南北部的大越國（東京）。在當時荷蘭東印度公司的紀錄中，吾人可見華人與 VOC 的船隻，大量從東京運送陶瓷到東南亞地區（見表 5-4）。據西方學者 T. Volker 統計，從 1663 至 1682 年間，至少有一百四十五萬件東京瓷器被輸出至亞洲市場。〔註57〕

　　至於臺灣明鄭與越南北部的直接貿易交通，中文史料所載甚少，僅見江日昇《台灣外記》中所言，「下販暹羅、交趾、東京各處以富國」一語而已，而有關臺灣與東京之間的陶瓷交易紀錄，更是付之闕如。是故，臺南社內遺址所見之東京陶瓷遺物，實為反映明鄭時期臺灣與越南北部貿易的重要例證。而兩地之間的陶瓷貿易的活動，可能是透過越北當地華商進行的。成書於 1708 年的日本《增補華夷通商考》稱「東京：唐人經常航往其國載運土產而駛來日本；時有土著之人隨船而來。該地流寓之唐人眾多……。」〔註58〕。《大越史記全書》本紀卷十六景治元年（南明永曆 18 年，1663）八月條載：「令旨各處承司察屬內民，有外國客人（中國清人）寓居者，各類以聞，隨

〔註55〕森本朝子，〈日本出土のベトナムの陶磁とその產地〉，頁 50。
〔註56〕同上註，頁 48～49。
〔註57〕T. Volker, *Porcelain and The Dutch East India Company*, P. 218.
〔註58〕西川求林齋輯，《增補華夷通商考》，卷三，轉引自陳荊和，〈清初華舶之長崎貿易及日南航運〉，《南洋學報》，第十三卷第一輯，1957 年，頁 2662～2663。

宜區處，以別殊俗」。〔註59〕越北東京華商在東亞地區貿易活動頻繁，如日本學者和田久德先生即曾以《華夷變態》中東京華商林于騰在日本長崎的貿易活動進行討論。〔註60〕因此，臺灣與東京之間的貿易活動，除了臺灣東寧船直接開赴東京貿易之外，也有可能是東京華商來販於臺灣安平。

表 5-4：十七世紀後半越南北部（東京）陶瓷的輸出

日期	輸出者或船隻	發 航 地	目 的 地	數 量 與 類 型	出處頁數
1663	一艘戎克船	東京	巴達維亞	10000 件粗瓷碗	206
1664	兩艘戎克船	東京	巴達維亞	120000 件各式中等品質的瓷杯	206
1666	不明	東京	巴達維亞	60000 件粗瓷杯	207
1667	VOC 的船隻	東京	巴達維亞	30000 件粗瓷杯	H：208
1669	兩艘 VOC 的船隻	東京	巴達維亞	558440 件粗瓷杯	H：209
	中國人的戎克船			70000 件粗瓷杯	
1670	VOC 的船隻	東京	巴達維亞	214160 粗瓷杯	H：210
	一艘戎克船			95000 粗瓷杯	
	VOC 的快船	巴達維亞	Banda	89000 件東京製杯子	H：211
1672	一艘戎克船	東京	巴達維亞	500 件杯子	H：211
	不明	蘇門答臘 Baros	巴達維亞	送回庫存過多或不需要的 25000 件東京杯子	H：211
1675	不明	東京	巴達維亞	30000 件碗	H：214
	不明	蘇門答臘 Telokbetong	巴達維亞	送回沒有需求的 6000 件東京製小杯子	H：217
1681	不明	Bantam	巴達維亞	5000 件東京製杯子	H：217
	巴達維亞之華人戎克船	東京	巴達維亞	120000 件東京製杯子	H：217

*本表資料引自 T. Volker, *Porcelain and The Dutch East India Company*（Leiden, Holland: E. J. Brill, 1971）.

〔註59〕陳荊和編校，《大越史記全書（下）》，東京：東京大學東洋文化研究所附屬東洋學文獻センター，1986 年，頁 975。

〔註60〕和田久德，《トンキン華僑林于騰の長崎貿易》，轉引自鄭瑞明，〈日本古籍《華夷變態》的東南亞華人史料〉，《海外華人研究》，第二期，1992 年，頁 136～137。

五、臺灣所見之平口小底瓶

　　平口小底瓶，即一般臺灣南部俗稱「章魚甕」，器高約 15～19 公分，外觀特徵爲平口折沿（部份折沿面呈二層階面狀），束頸，斜肩，最寬徑約在器身中段，最寬處以下急收，小底無圈足，足徑僅 3～4 公分左右。器表多深褐色或赤褐色，全器無釉，但部份表面因燒成時高溫熔融或自然落灰而呈現釉面光澤（日人稱此類高溫無釉硬陶爲「燒締め陶」）。器身下半多有螺旋狀拉坯痕，器底粗糙不平，且部份沾黏窯砂，顯示其製作過程粗放。平口小底瓶在臺灣南部傳世收藏中，頗有一定數量，就個人所見，臺南市文化局藏有兩件，〔註61〕一件陳列於臺南市鄭成功文物館（文化局文物編號 910708-1692，圖 5-1-25），另一件陳列於永漢文物館（圖 5-1-26）；國立臺灣歷史博物館收藏兩件（圖 5-1-27）。〔註62〕此外，臺灣海峽亦曾打撈出水此類平口小底瓶。〔註63〕近年來，臺灣南部的高雄左營鳳山舊城遺址（圖 5-1-28），〔註64〕以及安平熱蘭遮城遺址的考古發掘遺物中（圖 5-1-29），〔註65〕更陸續發現了平口小底瓶殘片。

　　有關上述平口小底瓶的年代問題，學者謝明良先生於 1997 年首次提出左營鳳山舊城遺址出土標本與日本出土同類遺物之聯繫，同時指出了平口小底瓶與安平壺在鳳山舊城遺物中所出現的共伴組合關係，故其應爲十七世紀之物。〔註66〕目前海外地區出土平口小底瓶的地點，包括日本長崎舊市街地區，〔註67〕以及東京堺環壕都市遺跡，後者出土於 1615 年燒土層（圖 5-1-30），〔註68〕顯示其年代應可上溯至十七世紀初期。越南地區則在中部會安以及南部 Condao 島有若干發現，後者出土遺物的地點，被認爲屬十七

〔註61〕感謝臺南市文化局提供實物及相關資料，以利筆者進行拍照與記錄。
〔註62〕感謝國立臺灣歷史博物館提供實物，以利筆者進行拍照與記錄。
〔註63〕簡榮聰，《臺灣海撈文物》，南投：台灣省文獻會，1994 年，頁 19。
〔註64〕臧振華、高有德、劉益昌，〈左營清代鳳山縣舊城聚落的試掘〉，頁 855、圖版 96 左。
〔註65〕劉益昌、謝明良，《熱蘭遮城博物館（現永漢文物館）調查修復規劃案——熱蘭遮城考古遺址出土文物研究與展示構想計畫》，執行單位：台南市政府，研究單位：財團法人成大研究發展基金會，2005 年，頁 34～35。
〔註66〕謝明良，〈左營清代鳳山縣就成聚落出土陶瓷補記〉，頁 238～239。
〔註67〕扇浦正義，〈出島〉，《考古學ジャーナル》，No. 430，1998 年，頁 17～18。
〔註68〕續伸一郎，〈堺環濠都市遺址出土の貿易陶磁（1）——出土陶器の分類を中心として〉，《貿易陶磁研究》，No. 10，1990 年，頁 147～148。

世紀末至十八世紀初荷蘭東印度公司的遺跡。〔註 69〕而臺灣南部高雄左營鳳山舊城遺址及其週邊「外興隆營區」，出土平口小底瓶遺物個體數達四件以上，〔註 70〕鳳山舊城地區屬明鄭時期以後開發之漢人聚落，明確反映此器在該地流通於十七世紀六十年代以後。

　　至於這類平口小底瓶的產地來源，過去日本或臺灣學界大多認定其爲越南燒製的外銷陶瓷，但由於明確燒造地點始終未被尋獲，故近年有學者提出其爲中國製品的可能性。〔註 71〕筆者認爲，平口小底瓶的產地問題，或可從該器燒製工藝本身進行解讀；平口小底瓶的燒成方式，爲高溫無釉本燒，由於胎土歷經高溫燒成，故器表「玻化」現象明顯。再者，窯內燒成時的高溫，也使得部份草木燃料的灰燼，隨機附著於坯體表面，形成了不規則的硅酸鹽（釉層）晶體。這種燒造手法，非常類似現代陶藝中的「柴燒」技法，企圖用簡單的高溫燒成方式，營造出自然樸質的裝飾效果。若從此一窯業技術特徵觀之，十四至十七世紀的越南陶瓷工業中，實普遍存在這種以較原始方式燒造陶器的窯場。就目前已知的考古資料爲例，越南北部的 Hai Duong 省、Nam Dinh 省，〔註 72〕南至越南中部的 Thua Thien-Hue 省、Quang Tni 省、Quang Binh 省等地窯場，〔註 73〕皆長期保持製作高溫無釉硬陶的傳統。反觀同時期中國閩、粵地區的陶器工業，早已發展出成熟的高溫施釉燒成技術，而少見這種較爲原始的無釉本燒工藝。故個人認爲平口小底瓶的產地，仍然很有可能是在當時的東京（越南北部）或廣南（越南中部）地區。

　　十六世紀以降，包含平口小底瓶在內的各種東南亞製「燒締陶器」，由於具有樸素、自然的特性，符合了當時日本茶人追求「個性化」的品味，遂成爲了日本茶道文化中的重要用器。〔註 74〕而這些被稱之爲「南蠻物」的茶道

〔註 69〕森本朝子，〈日本出土のベトナムの陶磁とその産地〉，頁 49～50。

〔註 70〕劉益昌、謝明良，《熱蘭遮城博物館（現永漢文物館）調查修復規劃案—熱蘭遮城考古遺址出土文物研究與展示構想計畫》，頁 34～35。

〔註 71〕森本朝子，〈ベトナム陶磁研究の現狀——近年の古窯址發掘の成果を中心に〉，頁 190；謝明良，〈陶瓷所見十七世紀的福爾摩沙〉，《故宮文物月刊》，第 21 卷 2 期，2003 年，頁 30。

〔註 72〕森本朝子，〈ベトナム陶磁研究の現狀——近年の古窯址發掘の成果を中心に〉，頁 189～191。

〔註 73〕菊池誠一，〈ホイアン出土のベトナム燒締陶器の生産地〉，《ベトナム日本町ホイアンの考古學調査》，昭和女子大學國際文化研究紀要，Vol. 4，1997 年，頁 193～203。

〔註 74〕森村建一，〈15～17 世紀における東南アジア陶磁器からみた陶磁の日本文化

具，包括了「水指」（盛水器）、「建水」（棄水器）、「花入」（花瓶、花器）、茶壺等。其中平口小底瓶則是被用來做為花器，並賦予了特定名稱——「南蠻粽花入」。儘管如此，上述各類越南高溫硬陶輸往日本的原始用途，可能並非茶具，而為貿易品的裝盛用器，例如越南中部 My Xuyen・Phuoc Tich 窯燒造的長筒形瓶，可能原先是裝盛「黑砂糖」的容器。〔註 75〕故臺灣所見之平口小底瓶，本身亦應非貿易品，而為貨物裝盛容器，至於其所裝貨物為何，仍有待近一步考證。〔註 76〕

第二節　明鄭時期的本地進口陶瓷消費
（A.D.1662～1683）

一、進口陶瓷產地與類型

　　明鄭時期臺灣島內進口陶瓷的產地來源，大致可分為三種；一為福建或廣東沿海窯系製品，二為江西景德鎮窯器，第三為日本與東南亞製品。以下即以此三種群屬分述之。

（一）福建或廣東窯系

1、青花瓷
A. 秋葉紋青花盤

　　目前已出土於高雄左營鳳山舊城遺址、〔註 77〕臺南安平熱蘭遮城遺址、〔註 78〕臺南新市社內遺址。以社內遺址出土秋葉紋青花盤為例，口徑 10.7 公分，圈足徑 4.5 公分，器高 2.8 公分。造形特徵為直口，弧壁，圈足粗寬，足面有少量沾黏窯砂，圈足底心尖突。外壁無紋飾，內壁為醬釉口，盤心單葉

　　　史：堺環濠都市遺跡出土遺物を中心として〉，《国立歷史民俗博物館研究報告》，第 94 集，2002 年，頁 251～296。
〔註 75〕同上註，頁 260。
〔註 76〕日本茶道對於「南蠻粽花入」有「飴粽」之稱法，而古時指液狀之糖為「飴粽」，故日人猜測此類平口小底瓶可能為裝盛糖液的容器；見茶道資料館編，《わび茶が伝えた名器　東南アジアの茶道具》，京都：茶道資料館，2002年，圖版説明 29。
〔註 77〕臧振華、高有德、劉益昌，〈左營清代鳳山縣舊城聚落的試掘〉，頁 781～782、圖板 25、26、40。
〔註 78〕傅朝卿、劉益昌等，《第一級古蹟台灣城殘跡（原熱蘭遮城）城址初步研究計畫成果報告書》，臺南：臺南市政府，2003 年，頁 2～78、圖版 66。

紋，盤心題記二行直書「太平年興 丙辰秋記」（圖 5-2-1）。另有盤心無款文題
記之秋葉紋盤，口徑 12 公分，圈足徑 5.2 公分，器高 3.7 公分。造形爲敞口、
弧壁，內足壁沾黏窯砂，圈足內底心尖突。外壁無紋飾，口沿施醬釉，盤心
爲單葉紋，輔以花草紋（圖 5-2-2）。

　　秋葉紋盤爲典型十七世紀後半中國南方青花瓷，亦屬明鄭時期臺灣島內
常見之日用陶瓷器類之一。類似青花盤可見於福建東山島冬古灣沉沒之明鄭
戰船遺物（圖 5-2-3）、〔註79〕印尼萬丹遺址、〔註80〕1690 年代失事於越南南
部海域之 Vung Tau 沉船等（圖 5-2-4）。〔註81〕目前所見之秋葉紋青花盤，盤
心多有方框印章款以及二行豎寫詩文（圖 5-2-5），部份尚可見干支題記年代。
臺灣學者謝明良先生曾根據 Vung Tau 沉船等資料指出，左營鳳山舊城出土秋
葉紋盤「太平年興 已卯冬記」之干支年份，可能爲康熙十四年（1675）（圖
5-2-6）。〔註82〕日本學者大橋康二先生、坂井隆先生則認爲廣東大埔縣水尾窯
址出土之秋葉紋盤「太平年已未□」、「太平年庚申□」，可能分別爲 1679、1680
年。〔註83〕而近年一件採集於北京地區之秋葉紋盤標本，器底則有雙圈二行
六字「大清丁未年製」款（圖 5-2-7）。〔註84〕由上所見，十七世紀後半秋的
葉紋青花盤所題記的干支年份，大抵多爲康熙時期。因此，社內遺址秋葉紋
盤之「丙辰秋記」干支，應可確定爲清康熙十五年，西元 1676 年。

　　臺灣出土的秋葉紋盤，幾乎皆爲來自福建或廣東窯場，應爲仿燒江西景
德鎮窯產品，目前所見燒造窯場有福建漳州韶安縣朱厝窯、〔註85〕平和縣五
寨鄉洞口窯、〔註86〕安溪縣朱塔窯、〔註87〕華安縣東溪窯、〔註88〕廣東東部

〔註79〕陳立群，〈東山島冬古沉船遺址初探〉，《福建文博》，第 39 期，2001 年 1 期，
　　　　頁 33～39。
〔註80〕大橋康二、坂井隆，〈インドネシア・バンテン遺跡出土の陶磁器〉，頁 66，
　　　　圖版 4-5。
〔註81〕Christiaan J. A. Jörg & Michael Flecker, *Porcelain from the Vung Tau Wreck*（UK:
　　　　Sun Tree Publishing, 2001,）p. 80.
〔註82〕謝明良，〈左營清代鳳山縣就成聚落出土陶瓷補記〉，頁 235。
〔註83〕大橋康二、坂井隆，〈インドネシア・バンテン遺跡出土の陶磁器〉，頁 66。
〔註84〕曲永建，《殘片映照的歷史——北京出土景德鎮瓷器探析》，北京：中國建材
　　　　工業出版社，2002 年，頁 153、圖 474。
〔註85〕福建省博物館，《漳州窯》，福州：福建人民出版社，1997 年，圖版 15-2、16-5、
　　　　43。
〔註86〕同上註，頁 14、圖 7-10。
〔註87〕葉清琳，〈安溪青花瓷器的初步研究〉，收於 Ho Chuimei ed., *Ancient Ceramic
　　　　Kiln Technology in Asia*（Hong Kong: Center of Asian Studies, University of Hong

大埔縣水尾窯、〔註89〕香港大埔碗窯等。〔註90〕

B. 文字紋青花碗

屬十七世紀後半常見之福建青花瓷，已見出土於明寧靖王朱術桂墓（1683），以及左營鳳山舊城遺址。近年社內遺址發現數量頗多，並大致可細分爲三型，以下分述其各自特徵：

第一型文字紋碗：口徑 12 公分，圈足徑 5.6 公分，器高 5.2 公分。造形特徵爲撇口，斜壁，圈足粗寬，足內底心尖突。釉色灰白，青料發色淺淡，施釉不及底，碗心澀胎無釉。外壁有重複交錯排列「壽」字紋（圖 5-2-8）。完全相同之文字紋青花碗，可見於 1937 年高雄湖內鄉被日本警察與當地居民盜掘之明寧靖王朱術桂墓，〔註91〕該墓下壙年代明確，可做爲此類青花碗之標準紀年器（圖 5-2-9）。

第二型文字紋碗：口徑 12.2 公分，圈足徑 4.8 公分，器高 5.8 公分。造形特徵撇口，斜壁，圈足內底心尖突，足底沾黏窯砂。釉色白中帶青，青料發色藍中帶紫，施釉及底。外壁有重複交錯排列「壽」字紋，但字形筆劃已有減省，不易辨識。碗心有斜線圈帶紋，內書「雅」字（圖 5-2-10）。完全相同之青花碗，見於日本鹿兒島縣吹上濱沉船遺物，該船爲 1660 年代遇風濤遭難之中國帆船，主要船貨爲日本肥前瓷器，遺物中僅見兩件中國製青花文字紋碗，應屬船員日用之物（圖 5-2-11）。〔註92〕此外，臺南市文化局亦見本型青花碗收藏（文化局文物編號 5040116-1765），但該碗碗心紋飾略有不同，爲青花雙線圈紋，內書「玉」字（圖 5-2-12）。〔註93〕

第三型文字紋碗：口徑 10.9 公分，圈足徑 4.9 公分，器高 5.5 公分。造形特徵爲撇口，斜壁，足底沾黏窯砂，圈足底心尖突。青料發色深藍，施釉及底。外壁有潦草書寫文字紋，字形筆劃無法辨識，碗心亦有類似草寫文字之

　　　Kong, 1990），頁 83、圖版 1-7；同上註，圖版 69-7。

〔註88〕栗建安，〈東溪窯調查紀略〉，《福建文博》，1993 年 1～2 期，頁 142、圖七。

〔註89〕楊少祥，〈廣東青花瓷初探〉，收於 Ho Chuimei ed., *Ancient Ceramic Kiln Technology in Asia*（Hong Kong: Center of Asian Studies, University of Hong Kong, 1990,）pp.3-7.

〔註90〕香港文化博物館編，《香港大埔碗窯青花瓷窯址——發掘與研究》，香港：香港文化博物館，2000 年，頁 65、彩圖 116，

〔註91〕李景全，〈明寧靖王古墓的傳說〉，《高雄文獻》，第十期，1991 年，頁 63～68。

〔註92〕大橋康二，〈鹿兒島縣吹上浜採集の陶磁片〉，《三上次男博士喜寿記念論文集》陶磁編，東京：平凡社，1985 年，頁 275～289。

〔註93〕感謝臺南市文化局提供實物及相關資料，以利筆者進行測繪與記錄。

花押紋（圖 5-2-13）。考古出土相同之青花碗，可見於左營鳳山舊城遺址（圖 5-2-14）。〔註94〕1690 年代 Vung Tau 沉船發現的文字紋碗，碗心紋飾則爲青花 雙線圈紋，內書「佳」字（圖 5-2-15）。〔註95〕

　　碗形器外壁重複書寫「壽」字紋的裝飾風格，早已見於十七世紀前半的 江西景德鎮窯（圖 5-2-16），到了十七世紀後半，福建南部地區的窯場，持續 模仿這類裝飾手法，但多數產品已偏向粗疏簡陋。目前已知燒造此類青花碗 的閩南窯場，包含了漳州韶安縣的朱厝窯與漳浦縣的坪水窯、〔註96〕雲霄縣 火田窯、〔註97〕華安縣東溪窯，〔註98〕以及安溪縣長坑窯等。〔註99〕

C. 團菊紋青花碗

　　團菊紋碗爲十七世紀後半至十八世紀初常見之中國青花瓷，目前已被發 現於臺灣南部地區九處地點，其分別爲高雄左營鳳山舊城遺址、〔註100〕臺 南科學園區石頭埔遺址與道爺遺址、〔註101〕日本昭和年間台南市鹽程區墓 葬出土、〔註102〕臺南縣新市鄉社內遺址。而地方文史工作者在臺南市海安 路、〔註103〕臺南縣下營鄉茅港尾、麻豆鎮後牛稠，以及善化鎮蓮池潭田野 調查中，〔註104〕亦採得相同青花標本。以下依其紋飾風格與製作工藝特徵， 又細分爲疏朗型、繁密型、粗簡型，共三型，並分述其各自特徵：

　　「疏朗型」團菊紋碗：以社內遺址出土品爲例，口徑 15 公分，圈足徑 6.6 公分，器高 7.5 公分。造形特徵爲撇口，斜弧壁，圈足粗大，內足底心尖突，

〔註94〕臧振華、高有德、劉益昌，〈左營清代鳳山縣舊城聚落的試掘〉，圖板 18。
〔註95〕Christiaan J. A. Jörg & Michael Flecker, *Porcelain from the Vung Tau Wreck*, p. 83, fig. 80, 82b; Christie's Amsterdam B. V., *The Vung Tau Cargo: Chinese Export Porcelain*（Amsterdam: Christie's Amsterdam B. V., 1992,）p. 129, lots 961-977.
〔註96〕福建省博物館，《漳州窯》，圖版 43、45-8、46-3。
〔註97〕同上註，頁 25、圖一四。
〔註98〕栗建安，〈東溪窯調查紀略〉，頁 141、圖 6-2。
〔註99〕曾凡，《福建陶瓷考古概述》，福州：福建省地圖出版社，2001 年，圖版 79-3。
〔註100〕臧振華、高有德、劉益昌，〈左營清代鳳山縣舊城聚落的試掘〉，圖板 23、27、28、45。
〔註101〕臧振華、李匡悌、朱正宜，《台南科學園區道爺遺址未劃入保存區部份搶救考 古計劃期末報告》，台北：中央研究院歷史語言研究所，2004 年，圖版 10-9、10-11、10-19。
〔註102〕文化局文物編號 5040116-1740；感謝臺南市文化局提供實物及相關資料，以 利筆者進行記錄。
〔註103〕感謝鄭文彰先生提供筆者標本進行研究。
〔註104〕感謝許清保先生提供筆者標本進行研究；另參見許清保，〈尋訪南瀛十五街〉， 《南瀛文獻》，第二輯，2003，頁 254～265。

足內壁有沾黏窯砂痕。外壁上半部勾繪折枝團菊紋，花團葉尖飾以圓點，外壁下半大多留白，碗心有簡筆蟲草紋（圖 5-2-17、圖 5-2-18、圖 5-2-19、圖 5-2-20、圖 5-2-21 左）。

「繁密型」團菊紋碗：器身外壁勾繪碩大團菊紋，花團以密集輪輻狀細線構成，邊緣飾以圓點，而花團之間則裝飾繁密纏枝草葉紋（圖 5-2-21 右、圖 5-2-22）。相同團菊紋碗可見於南非 Cape Town 出土中國陶瓷（圖 5-2-23），〔註 105〕以及印尼雅加達北部 Pasar Ikan 荷蘭東印度公司倉庫與河道遺跡。〔註 106〕至於 1690 年代 Vung Tau 沉船發現者，紋飾相同但為品質較佳之景德鎮窯產品（見本章第三節第（二）段，圖 5-3-8）。

「粗簡型」團菊紋碗：紋飾佈局大抵同於「繁密型」團菊紋碗，但是用筆粗放寫意，青花發色大多不良，胎質較粗劣呈灰黃色，碗心多無釉圓形面狀澀胎或澀圈（圖 5-2-24、圖 5-2-25、圖 5-2-26）。類似團菊紋青花碗，見於晉江出土康熙三十五年（1696）水師提督施琅墓。〔註 107〕

有關團菊紋碗的產地問題，學者謝明良先生曾指出，鳳山舊城出土之「粗簡型」團菊紋碗，造形、紋飾、足形等各方面均與福建安溪縣翰苑窯尾崙窯址類似。〔註 108〕現進一步歸納上述三型團菊紋碗比對閩、粵各地窯口資料所得結果：福建安溪縣月眉窯可見生產「繁密型」團菊紋碗；〔註 109〕安溪縣龍涓銀坑窯、翰苑窯曾燒造「粗簡型」團菊紋碗；〔註 110〕廣東大埔縣泮溪井欄面窯可見「疏朗型」團菊：紋碗；〔註 111〕廣東饒平縣九村窯，〔註 112〕以及香港大埔碗窯，〔註 113〕則同時燒造「疏朗型」與「繁密型」團菊紋碗。

〔註 105〕Jane Close, "Excavated Oriental Ceramics from the Cape of Good Hope: 1630-1830." *Transaction of the Oriental Ceramic Society*, Vol. 57, 1992-1993, p. 75, fig. 7..

〔註 106〕三上次男，〈パサリカン遺跡出土の貿易陶瓷〉，《貿易陶磁研究》，1982 年，No.2，頁 114、圖 13-15。

〔註 107〕葉清琳，〈安溪青花瓷器的初步研究〉，頁 81。

〔註 108〕謝明良，〈左營清代鳳山縣就成聚落出土陶瓷補記〉，頁 236。

〔註 109〕葉清琳，〈安溪青花瓷器的初步研究〉，圖版 1-6、2-7。

〔註 110〕同上註，圖版 2-1；曾凡，《福建陶瓷考古概述》，頁 83-84、圖版 74 上、75-5。

〔註 111〕楊少祥，〈廣東青花瓷初探〉，頁 4，圖版 1-5。

〔註 112〕何紀生、彭如策、邱立誠，〈廣東饒平九村青花窯址調查記〉，《中國古代窯址調查發掘報告集》，北京：文物出版社，1984 年，頁 158、圖版 5-11 與 13。

〔註 113〕香港文化博物館編，《香港大埔碗窯青花瓷窯址——發掘與研究》，頁 77、彩圖 1、2。

D. 赤壁賦乘船人物紋碗

出土於左營鳳山舊城遺址，紋飾特徵爲外壁劃分成兩個部份，一半描繪宋代詩人蘇東坡與友人乘船出遊之景；另一半則以豎行抄寫「赤壁賦」文內容（圖 5-2-27）。〔註114〕此類青花碗應爲閩南地區仿燒十七世紀前半江西景德鎮窯產品(見第三章圖 3-19)；越南會安出土赤壁賦青花碗年代較早，約爲 1590～1630 年代福建漳州窯製品（圖 5-2-28），〔註115〕紋飾內容尚稱工整。而鳳山舊城出土者，年代較晚，爲十七世紀後半之物，紋飾已偏向簡約粗放，賦文以行草書寫，內容不易辨識。

E. 簡筆山水紋碗、小杯

出土於左營鳳山舊城遺址（圖 5-2-29）、〔註116〕臺南科學園區道爺遺址（圖5-2-30）、〔註117〕臺南關廟鄉（圖 5-2-31 右）、〔註118〕國立成功大學光復校區（圖 5-2-31 左），〔註119〕以及臺南新市鄉社內遺址。〔註120〕。鳳山舊城遺址與南科道爺遺址出土之例，器身外壁爲簡筆山水垂柳紋，碗心雙圈內繪簡筆山水扁舟紋，類似青花碗可見於 1690 年代 Vung Tau 沉船遺物（圖 5-2-32）。〔註121〕

目前所見目前所見燒造此類青花的窯場眾多，包括福建漳州平和縣碗窯山窯、〔註122〕韶安縣坪水窯、〔註123〕雲霄縣火田窯、〔註124〕安溪縣月眉窯

〔註114〕臧振華、高有德、劉益昌，〈左營清代鳳山縣舊城聚落的試掘〉，頁 780、圖板 41、42。

〔註115〕菊池誠一編，《ベトナム日本町ホイアンの考古學調查》，昭和女子大學国際文化研究紀要，Vol. 4，1997 年，頁 69、79。

〔註116〕臧振華、高有德、劉益昌，〈左營清代鳳山縣舊城聚落的試掘〉，頁 862、圖板 37、38。

〔註117〕臧振華、李匡悌、朱正宜，《台南科學園區道爺遺址未劃入保存區部份搶救考古計劃期末報告》，頁 453，圖版 10-15。

〔註118〕臺南縣歸仁鄉歸仁窯遺址周邊普查資料，編號 BI-12 地點，相關紀錄見黃翠梅、李匡悌、蘇一志，《臺南縣歸仁鄉歸仁窯遺址學術調查與研究計畫》，委託單位：臺南縣政府文化局，執行單位：國立臺南藝術學院，2003 年，頁 107～108。

〔註119〕筆者實地採集。

〔註120〕筆者 2004 年參與整理臺南社內遺址標本時，判定此小杯爲江西景德鎮窯產品，現予已更正，見李匡悌，《三舍暨社內遺址受相關水利工程影響範圍搶救考古發掘工作計劃期末報告》，頁 56，圖版 93。

〔註121〕Christiaan J. A. Jörg & Michael Flecker, *Porcelain from the Vung Tau Wreck*, p. 83, fig. 80.

〔註122〕福建省博物館，《漳州窯》，圖版 15-2、33。

〔註123〕同上註，頁 23、圖一三。

與長坑窯，﹝註125﹞以及香港大埔碗窯。﹝註126﹞

2、白 瓷

A. 白瓷小杯

出土於臺南新市社內遺址，口徑在 6 公分左右，器高 3 至 3.8 公分，圈足徑 2.3 至 2.7 公分。造形特徵爲撇口，斜弧壁，施釉及底。依其釉色與足底沾黏窯砂之多寡，大致可知這些白瓷小杯有來自福建德化窯的產品，亦有漳州窯等其它福建窯口製品（圖 5-2-33）。類似海外出土白瓷小杯，見於 1690 年代 Vung Tau 沉船遺物（圖 5-2-34）。﹝註127﹞

B. 白瓷小罐

見於臺南縣柳營鄉「果毅後段」寮前赤山所發現的南明永曆二十八年（清康熙十三年，1674）「上護軍驃騎將軍蔣鳳墓」（見表 5-5），該墓共出土墓誌、永曆銅錢二十餘枚、四件白瓷小罐、壙甎等物，下壙年代極爲明確。﹝註128﹞這幾件白瓷小罐高 5 公分，口徑 2.6 公分，底徑 3 公分，造形特徵爲撇口，細頸，圓肩，肩部以下弧收（圖 5-2-35）。完全相同之白瓷小罐，可見於 1690 年代 Vung Tau 沉船遺物（圖 5-2-36），﹝註129﹞應爲福建德化窯所燒製。﹝註130﹞

C. 白瓷湯匙

出土於臺南新市鄉社內遺址（圖 5-2-37）、臺南關廟鄉（圖 5-2-38）。﹝註131﹞以社內遺址出土品爲例，僅存匙柄殘件，柄厚：0.86 公分，柄端有押印或貼塑花朵紋，可能亦爲福建德化窯所燒製。相同之白瓷湯匙，可見於 1690 年代 Vung Tau 沉船遺物（圖 5-2-39）。﹝註132﹞

﹝註124﹞ 同上註，頁 25、屠一四、圖版 47。

﹝註125﹞ 葉清琳，〈安溪青花瓷器的初步研究〉，圖版 1-6、圖版 2-7；曾凡，《福建陶瓷考古概述》，圖版 78-3、圖版 79-1。

﹝註126﹞ 香港文化博物館編，《香港大埔碗窯青花瓷窯址——發掘與研究》，頁 77、彩圖 6。

﹝註127﹞ Ibid, p. 90, fig. 92.

﹝註128﹞ 黃典權，《蔣鳳墓誌銘研究》，臺北：中華叢書編審委員會，1968 年。

﹝註129﹞ Christiaan J. A. Jörg & Michael Flecker, *Porcelain from the Vung Tau Wreck*, p. 88, fig. 89.

﹝註130﹞ Rose Kerr & John Ayers, *Blanc De Chine: Porcelain from Dehua*（Singapore: National Heritage Board, 2002,）pl. 51.

﹝註131﹞ 臺南縣歸仁鄉歸仁窯遺址周邊普查資料，編號 BI-12 地點，相關紀錄參見黃翠梅、李匡悌、蘇一志，《臺南縣歸仁鄉歸仁窯遺址學術調查與研究計畫》，頁 107～108。

﹝註132﹞ Christie's Amsterdam B. V., *The Vung Tau Cargo: Chinese Export Porcelain*, p.

D. 白瓷西洋人物塑像

出土於臺南新市社內遺址，殘高 2.6 公分。造形特徵爲頭戴船形帽，右手持物，背後背負有管狀器，通體施透明釉，器身以下殘（圖 5-2-40）。此類塑像之完整造形，可能爲立姿人物，亦有可能爲騎獸人物（圖 5-2-41），製作年代可能爲十七世紀晚期。〔註 133〕至於這類西方人形白瓷塑像的生產地點，已在德化窯窯址被發現，且與中國羅漢等產品裝入同一匣缽燒造（圖 5-2-42），福建考古學者陳建中先生認爲此頭戴船形帽者，可能屬荷蘭人形象。〔註 134〕

3、醬釉白瓷或醬釉青花

本類醬釉瓷器，應爲福建仿江西景德鎮窯產品。但福建產品的圈足切修大多粗放，且足底可見窯砂沾黏，故有別於較爲精緻的景德鎮窯器。

A. 醬釉白瓷小杯

出土於臺南新市鄉社內遺址，口徑 5.6、6 公分，器高 3.5、3.9 公分，圈足徑 2.6 公分。造形特徵爲撇口，弧壁，圈足底心尖突，足底內壁沾黏窯砂。外壁施醬釉，施釉及底，器內施透明釉，釉色白中閃黃（圖 5-2-43）。可能爲福建漳州窯燒造。〔註 135〕

B. 醬釉青花小杯

出土於臺南新市社內遺址，僅存器底殘件，圈足徑 3.7 公分。造形特徵爲圈足粗寬，足底沾黏大量窯砂，圈足內底心尖突。外壁施醬釉，施釉及底，器內施透明釉，器心勾繪青花蟲草紋（圖 5-2-44）。

4、高溫硬陶

本文在第四章第二節第（二）段內容中，已深入討論了荷蘭與西班牙時期臺灣島內居民所使用的各式高溫硬陶，其大致可分爲細質硬陶與粗質硬陶兩類，器型包括了盆、罐、瓶、壺等十一種。到了十七世紀六十年代以後，儘管島內政治、經濟環境已有若干變化，但部份陶器類型可能仍爲島民日常生活上的常見用器。以下本節再列舉數種年代明確，屬於十七世紀後半臺灣島民所使用之高溫硬陶。

A. 醬釉小罐

63, lots 461-466.

〔註 133〕 Rose Kerr & John Ayers, *Blanc De Chine: Porcelain from Dehua*, pl. 41.

〔註 134〕 陳建中，〈泉州的陶瓷貿易與東西文化互動：以德化窯外銷瓷爲例〉，《海交史研究》，2004 年 1 期，頁 100。

〔註 135〕 筆者實見窯址出土品於福建省博物館。

　　出土於 1953 年臺南市東郊虎尾寮發現之明鄭時期「陳忠欽墓」，應爲陪
葬用明器，數量爲四件（見表 5-5、圖 5-2-45），現僅存兩件，口部皆已殘損，
〔註136〕收藏於臺南市文化局（圖 5-2-46）。此二小罐外形特徵爲撇口，細頸、
圓肩、腹下弧收。器身施醬釉，施釉不及底，下腹止釉處可見施釉時手指抓痕。

B. 醬釉大口四繫罐

　　出土於臺南新市鄉社內遺址，完整器共兩件，尺寸略有不同。一件口徑
22 公分，器高 14 公分。造形特徵爲大口，口沿外撇，束頸，器肩有橫式四繫，
弧壁下收，寬圈足。外壁施醬釉，施釉不及底，胎色灰白，胎質細緻，器內
施釉亦不及底（圖 5-2-47）。

　　另一件口徑爲 14.5 公分，器高 11.7 公分，底徑 8.6 公分。造形大致與上
一件相同，但圈足外撇，足底斜刀切修，足面有兩處「火石紅」支燒痕。外
壁施醬釉，施釉不及底，器內施釉施釉亦不及底（圖 5-2-48）。類似特徵之醬
釉大口罐，見於 1690 年代 Vung Tau 沉船遺物（圖 5-2-49），〔註137〕故可知類
似陶器明確流行於十七世紀後半。

C. 醬釉油燈碟

　　目前已見出土於左營鳳山舊城、〔註138〕臺南新市鄉社內遺址。以社內遺
址出土者爲例，口徑爲 10.5 至 8.6 公分，器高 2 至 3.2 公分，底徑 3.2 至 4.8
公分。外形特徵爲侈口，尖唇漸厚，斜弧壁，平底無足，口緣一側有印花圓
扁狀貼塑。器內施醬釉，外壁無釉，胎色灰褐（圖 5-2-50）。相同之油燈碟，
大量見於 1690 年代 Vung Tau 沉船遺物（圖 5-2-51）。〔註139〕

D. 醬釉細頸大罐

　　臺灣海峽打撈之醬釉細頸大罐，造形特徵爲撇口，厚唇，細頸，斜肩，
器腹圓弧下收。器身施醬釉，唇口無釉，施釉不及底，器肩有一圈條狀支燒
痕（圖 5-2-52）。〔註140〕類似特徵之醬釉陶罐，可見於見於 1690 年代 Vung Tau
沉船遺物（圖 5-2-53）。〔註141〕

〔註136〕根據臺南市文化局登錄資料，兩件文物破損時間，應在 2002 年 7 月 24 日以後。
〔註137〕Christiaan J. A. Jörg & Michael Flecker, *Porcelain from the Vung Tau Wreck*, p. 161.
〔註138〕藏振華、高有德、劉益昌，〈左營清代鳳山縣舊城聚落的試掘〉，頁 856、圖
　　　　版 97、98 左上。
〔註139〕Christie's Amsterdam B. V., *The Vung Tau Cargo: Chinese Export Porcelain*, p.
　　　　131, lots 983、978.
〔註140〕簡榮聰，《臺灣海撈文物》，頁 167。
〔註141〕Christiaan J. A. Jörg & Michael Flecker, *Porcelain from the Vung Tau Wreck*, p. 158.

（二）江西景德鎮窯

明鄭時期江西景德鎮窯瓷器對臺灣的進口，受到政治與軍事動亂的影響甚大。就目前臺灣地區考古出土實物來看，以來自福建窯區的產品佔大多數，而明確屬於江西景德鎮窯產品可能較少。臺灣出土十七世紀後期至十八世紀初的景德鎮窯瓷器，筆者認為其可能多為清朝領臺以後輸入，故置於本章第三節「清初臺灣的進口陶瓷與消費」內容中集中討論。由於相關陶瓷紀年資料缺乏，此一部份尚待日後繼續補充修正。

目前所見唯一確定為明鄭時期江西景德鎮窯器，為一件收藏於臺南市萬福庵的「青花鳳尾瓶」。此件康熙朝傳世品與明鄭時期歷史人物有密切聯繫，其外型特徵為大口，外撇，頸部粗直，圓肩下急收，接近器底向外撇出。瓶身以混水畫法勾繪山水紋，肩部鑴刻「阮夫人寺」四字（圖 5-2-54）。此器原存於臺南市萬福庵，該庵舊名「阮夫人寺」。〔註142〕所謂「阮夫人」者，即英義伯阮駿之妻。阮駿，字季友，原為南明監國魯王部將，後與張名振等人歸於鄭成功，永曆十年（順治十三年，1656 年）舟山之役陣亡。阮夫人後隨鄭氏軍民移居臺灣東寧，晚年遁入空門，改寓為寺，故人稱「阮夫人寺」。〔註143〕該寺保存阮妻攜來遺物，除青花鳳尾瓶外，尚有「明英義伯季友阮公」神主牌位，牌位內嵌木片有墨書「陣亡寧波府昌國衛舟山律港 生於崇禎戊辰年（1628）十月初九日辰時 卒於永曆丙申年（1656）八月念陸日」共四十字（圖 5-2-55），或可為該鳳尾瓶的年代「上限」提供若干輔證。〔註144〕

（三）日本與東南亞陶瓷

1、肥前瓷器與東京瓷器

誠如本章第一節所述，臺灣南部社內遺址、鳳山舊城遺址，臺南明鄭洪夫人墓出土的日本肥前青花與越北釉下褐彩瓷，可被視為明鄭時期從事陶瓷轉口貿易的例證。但另一方面，從遺物出土的地緣特徵來看，臺南新市鄉社內遺址屬於新港社平埔族聚落，伴隨進口貿易瓷大量出土的是本地原住民製作的夾砂陶器。高雄縣左營區鳳山舊城遺址，則是明鄭官方實施軍事營盤屯墾的新興漢人聚落；而明鄭洪夫人墓，則屬明鄭官宦士人墓葬；上述三處出

〔註142〕〔清〕謝金鑾，《續修台灣府志》，卷五，臺北：臺灣大通書局，1984 年，頁 344。
〔註143〕黃典權，《鄭成功復台三百年史畫》，臺北：中華文化出版事業社，1961 年，頁 117～118。
〔註144〕經筆者實地查訪，此件青花鳳尾瓶已於 1980 年代遭竊，至今下落不明。

土地點皆屬島內居民生活遺跡，而非轉口貿易港市，故其亦可被視爲日常生活用器。再就出土標本數量來看，社內遺址出土的肥前青花瓷個體數爲五件，而東京釉下褐彩瓷則僅有兩件；左營鳳山舊城遺址出土的肥前青花瓷，則爲一至三件左右；洪夫人墓則有四件肥前青花小瓶；上列總數相加僅約十數件，顯示出臺灣島內使用非中國瓷器的數量不多，大部份進口陶瓷仍以中國製品爲主。儘管如此，吾人仍可以確定，在十七世紀後半中國貿易瓷輸出數量減少的情況下，臺灣本地居民也開始採用了少數中國以外的窯業產品，充做一般日常生活用陶瓷。明鄭時代雖以對外轉口貿易做爲國家財政的重要來源，但臺灣本地市場仍有一定需求，故有部份轉口商品流入了島內消費系統，被分銷至各處居民聚落中。

2、泰國束頸四繫罐

早在荷蘭時期，泰國 Mae Nam Noi 窯燒製的束頸四繫罐，已經因國際轉口貿易而被引入臺灣（見本文第四章第（二）節第 7 段、圖 4-2-75）。十七世紀六十年代以後，明鄭政權始終與暹邏保持密切的貿易往來。例如荷蘭東印度公司暹羅商館於 1661 年 11 月 17 日報告：

> 今年有三艘戎克船來到暹邏，而受了國姓（Coxin）的命令，回歸中國，這三艘船和另兩艘船係在暹邏建造的，均裝載硫黃、硝石、鉛、米何其他各種乾糧回去。〔註 145〕

1678 年英國東印度公司駐暹職員 George White 亦曾向倫敦本公司報告：

> 此地硝石品質甚佳且最爲精細。國王收購之價爲每擔五提加兒（Tecail 或 Tical，即四分之一兩）；而以十七提加兒之價售出。每年有大批銷石由廈門王（King of Amoy，即指鄭經）及交趾支那（廣南阮王）之代理商運返其國，以供前者對韃靼人（即清人），後者對東京人的戰爭。〔註 146〕

臺灣學者謝明良先生即根據上述史料，以及日本堺環濠都市遺跡出土束頸四繫罐內，仍然殘存硫黃物質之例，推斷臺灣出土者可能亦爲裝盛硫磺容器。〔註 147〕這些泰國束頸四繫罐，隨著所裝盛物資進口臺灣，而部份陶罐在原

〔註 145〕曹永和，〈從荷蘭文獻談鄭成功之研究〉，收於《臺灣早期歷史研究》，臺北：聯經出版社，1979 年，頁 379。

〔註 146〕陳荊和，〈十七世紀之暹邏對外貿易與華僑〉，收於《中泰文化論集》，臺北：中華文化事業委員會，1958 年，頁 175。

〔註 147〕謝明良，《貿易陶瓷與文化》，臺北：允晨文化，2005 年，頁 233～234。

裝盛物被用盡或取出之後，仍持續被島內居民重複使用。

二、明鄭時期進口陶瓷的島內日常消費

明鄭時期臺灣的中國陶瓷進口，受到政治與軍事動亂的影響甚大。就目前臺灣地區考古出土實物來看，所有外來的貿易陶瓷中，以來自福建窯區的產品佔大多數，而明確屬於江西景德鎮窯器數量較少。1660 年代後期，鄭經爲突破貿易封鎖，派遣部將江勝率水師暗中進駐廈門，私賄內地邊將，進行沿海秘密貿易：

> 勝踞廈門，斬茅爲市：禁止擄掠，平價交易，凡沿海內地窮民，乘夜竊負物入界，雖兒童無欺，自是，內外相安，邊疆無釁，其達濠貨物，聚而流通台灣。〔註 148〕

廈門遂成爲明鄭取得大陸物資的重要地區。而這個時期台灣所見的青花瓷、白瓷、醬釉白瓷、醬釉青花瓷、高溫硬陶等沿海福建或廣東生產的陶瓷，甚至是江西內地所生產的少數景德鎮窯器，應該就是透過上述管道輸入台灣的。

至於明鄭時期的江西景德鎮窯器較少的原因可能有二，首先是江西景德鎮窯業在三藩之亂時所受到的嚴重打擊；據《浮梁縣志》載：「國朝康熙十三年（1674），吳逆煽亂，景德鎮民居被毀，而窯基盡毀。」〔註 149〕景德鎮在吳三桂軍隊的蹂躪下，街市已成廢墟，窯戶僅十存二三，陶瓷燒造量銳減。〔註 150〕第二個原因則是與清廷實施海禁、遷界，以及沿海地區戰爭頻繁有關；由於景德鎮窯位居內陸，沉重的瓷貨在高風險走私與長途運輸的雙重困難下，自然成爲了較難取得的貨物類型。有關明鄭時期臺灣島內高品質瓷貨的短缺現象，或可從當時英商在臺所見狀況略見一二。例如 1672 年 11 月 16 日英商 Ellis Crisp 從臺灣寄往萬丹的信中，提到了下一年度因有需要而可以在臺灣銷售的商品中，包含了精美的瓷器（fine ercallaes）一項。〔註 151〕

1675 年 12 月 22 日，英國臺灣商館寄往萬丹的信件中再度提到：

〔註 148〕〔清〕江日昇，《台灣外記》，卷之六，頁 239。

〔註 149〕〔清〕程廷濟總修，《浮梁縣志》「製陶部份」，收於李科友、吳存水點校整理，《古瓷鑑定指南（二編）》，北京：北京燕山出版社，1993 年，頁 223。

〔註 150〕佐久間重男，〈清代前期の景德鎮窯業〉，《東洋陶磁》，Vol. 28，1998～99 年，頁 48。

〔註 151〕臺灣銀行經濟研究室編，《十七世紀臺灣英國貿易史料》，臺北：中華書局，1959 年，頁 30、142。

中國之大瓷杯（China beakers）、花盆（fflowre potts）等物品運來臺
灣者頗少，資將我等所能買到者寄上一箱。〔註152〕
由於島內市場持續缺乏精美瓷貨，所以使得英商認爲有利可圖。

　　臺灣明鄭時期的島內進口陶瓷消費，依各種陶瓷貨品來源的不同，而呈
現出使用程度多寡的差異；日本肥前瓷器應爲大宗貿易物資，多由東寧船隻
在日本裝船後，成批轉口廈門，或直接銷售東南亞牟利，故流入島內市場的
數量不多；中國生產的貿易瓷，則是受到了沿海戰亂影響。各類中國瓷貨中，
以福建產品較容易取得，且價格低廉，但多粗製，利潤不高，故轉口銷售之
餘，亦多做爲明鄭控制區域內之一般日常用瓷。至於江西景德鎭窯器，由於
貨源短缺，加上運輸距離較遠，走私風險成本亦高，故島內所見數量較少。

　　陶瓷轉口貿易儘管爲明鄭時期國家財政重要收入之一，但由於漢人移民
的逐漸增加，故島內陶瓷消費比例亦較前期略爲提高。除了一般日常生活所
需外，明鄭時期漢人墓葬出土的一些陶瓷陪葬品，也顯示出新來移民的政治
與經濟地位較高，並隨之傳入了一些過去臺灣所未見之閩南漢式葬俗。以目
前所見數座臺灣南部出土明鄭漢人墓葬爲例，墓內陪葬數件小型陶瓷瓶罐，
是相當普遍的現象，其器類包含了福建青花瓷、白瓷、醬釉陶、日本肥前青
花，其實也反映出明鄭時期臺灣島內消費陶瓷的各項來源。

表 5-5：臺灣、金門地區明鄭時期墓葬出土陶瓷

	墓　主	地　點	年　代	出土瓷器	備　　註
1	明 監國魯王 朱以海墓	金門縣 古崗湖	南明永曆 十六年 （1662）	三合土壙蓋內嵌入無 數瓷碗，取出五件（三 件完整，二件損壞）	壙蓋殘件，現立於金門 金寧鄉頂堡公園內。 瓷碗則收藏於國立歷史 博物館。
2	明 上護軍 驃騎將軍 蔣鳳墓	臺南縣 六甲鄉	南明永曆 二十八年 （1674）	細頸白瓷小罐四件（一 件已於出土時遭打碎）	現藏於國立歷史博物 館。
3	明 考 陳忠欽墓	臺南市 東郊 虎尾寮	明鄭時期	醬釉撇口細頸小罐四 件	目前僅存兩件，且口部 殘損，藏於台南市文化 局，其展示與登錄所標 年代有誤。

〔註152〕同上註，頁 65、209。

4	皇明 顯妣夫人 洪氏墓	臺南市 南郊 蛇仔穴	南明永曆 三十六年 （1682）	山水紋青花小罐四件	目前僅存兩件，藏於台 南市文化局
5	明 寧靖王 朱術桂墓	高雄縣 湖內鄉	南明永曆 三十七年 （1683）	四件裝有黑色藥粉小 罐；兩件白碗	所謂「白碗」應爲文字 紋青花碗； 另據日治時期所見資料 則爲三件。

出處：

1：郭堯齡，《魯王與金門》，金門：金門縣文獻委員會，1970 年，頁 13～14。

2：黃典權，《蔣鳳墓誌銘研究》，臺北：中華叢書編審委員會，1968 年。

3：朱鋒，〈台灣的明墓雜考〉，《臺南文化》，第三卷第二期，1953 年，頁 54；黃典權，
《鄭成功復台三百年史畫》，台北：中華文化出版事業社，1961 年，頁 123、129；台
南市政府民俗文物館文物登錄資料：504021-2047、2048。

4：同上朱鋒引文，頁 54；同上黃典權引文，頁 129；台南市政府民俗文物館文物登錄
資料：2047、2048。

5：李景全，〈寧靖王古墓的傳說〉，《高雄文獻》，第十期，1991 年 10 月，頁 63～68；
臺南文化三百年紀念會編，《臺灣史料集成》，臺南：臺南市役所內臺南文化三百年紀
念會，1931 年，頁 67～68。

第三節　清初臺灣的進口陶瓷與消費（A.D.1684～1700）

康熙二十三年，西元 1684 年，明鄭投降清朝，台灣收歸大清版圖，清政
府隨即「展海」，台灣陶瓷貿易模式出現了重大轉變。以下分爲三段內容討論
之；首先是清廷「展海」並開放口岸後，中外各國船隻已可直接自中國口岸
輸出陶瓷，台灣失去了中介貿易港的轉口功能。第二段爲列舉臺灣目前所發
現的十七世紀後期至十八世紀初的景德鎮窯瓷器。第三段則是討論十七世紀
晚期臺灣島內進口陶瓷的消費狀況。

一、清初展海與臺灣陶瓷轉口貿易的消失

清廷在平定臺灣鄭氏之後，沿海已無封鎖的必要，遂實施了一連串「展
海」與開放貿易的措施。《聖祖實錄》康熙二十三年（1684）七月乙亥條載：

> 奉差福建、廣東展界，內閣學士席柱復命，奏曰，臣奉命往海展界，
> 福建、廣東兩省沿海居民，群集跪迎。……令眾民得還故土，保有
> 家室，各安生業。〔註 153〕

〔註 153〕馬齊等纂修，《清實錄（五）聖祖仁宗實錄（二）》，卷一一六。康熙二十三年

事隔數月，康熙皇帝再度下令：

> 諭大學士等，向令開海貿易，謂於閩、粵邊海民生有益，若此二省，
> 民用充阜，財貨流通，各省俱有禆益，且出海貿易，非貧民所能，
> 富商大賈，懋遷有無，薄徵其稅，不治累民，可充閩粵兵餉，以免
> 腹裡省份，轉輸協濟之勞，腹裡省份，錢糧有餘，小民又獲安養，
> 故令開海貿易。〔註154〕

開放貿易之後，隨之而來的是南方四處海關的設置，據王士禎《北歸志》康熙二十四年六月初二日條：「臺灣平後，海禁解嚴，閩粵泊吳越，皆沿海榷司，江南駐松江，浙江駐寧波，福建駐泉州，廣東駐廣州。」〔註155〕清初所設四處海關大抵確立，其分別爲江海關（松江上海）、浙海關（寧波）、閩海關（泉州廈門）、粵海關（廣州）。

清代前期（1717 年以前）對外貿易的原則，以「西洋來市、東洋往市、南洋互市」爲主；中國准許歐洲人從印度以西與太平洋航路的來華進行貿易。而對日貿易方面，華船可以自由赴日經商。南洋地區則是准許國人前往南洋貿易，南洋船隻亦可來華貿易。〔註156〕至此，由於中國南方沿海對外貿易的全面開放，使得明代末期以來，臺灣做爲中國陶瓷轉口貿易點的功能，業已完全消失。

在中國對外陶瓷輸出上，外國船隻可自由進入廣州或廈門港收購瓷貨，而中國船隻載運瓷器輸往南洋各港的數量更是驚人。以荷蘭東印度公司爲例，十七世紀晚期，由於大量華船載運貨物航往巴達維亞，完全能夠滿足公司對中國產品的需求，導致公司在 1689 年決定放棄對中國的直接貿易的政策。〔註157〕而華船輸入巴達維亞等地的陶瓷數量大增，也造成了私人陶瓷貿易與走私的情況愈加嚴重，迫使巴達維亞總督在無利可圖的情況下，於 1694 年下令暫時終止公司對於中國瓷器的採購。〔註158〕

　　 七月乙亥條，北京：中華書局，1985 年，頁 205。
〔註154〕同上註，康熙二十三年九月甲子朔條，頁 212。
〔註155〕王士禎，《北歸志》，轉引自松浦章，《清代海外貿易史の研究》，京都：朋友書店，2002 年。頁 567。
〔註156〕陳國棟，〈清代前期（1644～1842）海洋貿易的形成〉，收於《東亞海域一千年》，臺北：遠流出版社，2005 年，頁 257～286。
〔註157〕Christiaan J. A. Jörg, *Porcelain and the Dutch China trade*（Hague: Uitgeverij Martinus Nijhoff, 1982,）pp.18-19.
〔註158〕Christiaan J. A. Jorg & Michael Flecker, *Porcelain from the Vung Tau Wreck*,

　　至於臺灣對岸的重要對外開放港口——廈門，則成爲了中國北方沿海各省產品與外國輸入貨物的海上貿易集散中心。在康熙時期的尾聲，廈門沿海商業網絡的輻射與擴張，已逐漸將臺灣納入其所屬的國內沿海貿易圈中，而臺灣所生產的經濟作物——「米」與「糖」，則是臺灣鹿耳門與廈門對渡交通線（trunk line）的主要貨物。〔註159〕此時臺灣進口的中國陶瓷，已與其它輸入島內的民生物資相同，完全不具備轉口輸出的功能。

二、臺灣出土十七世紀後期至十八世紀初的景德鎮窯器

　　1684 年展海之後，沿海封鎖解除，臺灣海峽航路重開，由於海陸運送管道暢通，而內地江西窯業亦已完全從戰火中恢復，故景德鎮窯器輸入臺灣的數量應有明顯增加。本段以下所列內容，爲臺灣南部地區出土之十七世紀後期至十八世紀初的景德鎮窯器，器類以青花瓷爲主，另有極少數罕見的康熙素三彩器，器形則多以盤、碗、杯爲主。

（一）牡丹鳳紋青花盤

　　出土於臺南科學園區道爺遺址，復原後完整器口徑爲 10.45、12.9 公分，器高 3.6、4.4 公分，底徑 5.3、6.1 公分。器形特徵爲直口、弧壁，圈足內壁斜弧，足面尖圓，足底外壁有斜刀切修。胎質潔白，施釉及底，青料發色濃艷。盤內勾繪牡丹鳳紋，外壁無紋飾，圈足內有雙圈花草紋花押款，〔註160〕應屬十七世紀後半景德鎮民窯器（圖 5-3-1）。完全相同的景德鎮窯青花盤，可見於越南南部海域發現的 1690 年代 Vung Tau 沉船（圖 5-3-2）、〔註161〕馬來西亞麻六甲 Stadthuys 博物館收藏（圖 5-3-3），以及近年福建平潭海域發現之「碗礁一號沉船」（圖 5-3-4），該船沉沒時間約爲十七世紀末期。〔註162〕

　　　　　pp.32-35.
〔註159〕 Ng Ghin-Keong, *Trade and Society: The Amony Network on the China Coast 1683-1735*（Singapore: Singapore University of Press, 1983,）pp, 95-99.
〔註160〕 感謝中央研究院歷史語言研究所南科考古隊提供筆者實物進行觀察與紀錄；另見臧振華、李匡悌、朱正宜，《台南科學園區道爺遺址未劃入保存區部份搶救考古計劃期末報告》，臺北：中央研究院歷史語言研究所，2004 年，頁 455、圖版 10～17。
〔註161〕 Christiaan J. A. Jörg & Michael Flecker, *Porcelain from the Vung Tau Wreck*（UK: Sun Tree Publishing, 2001,）fig. 71.
〔註162〕 見於 2005 年 11 月福建學者栗建安先生於上海博物館舉辦《十七世紀景德鎮瓷器國際學術研討會》發表之演講內容；另見碗礁一號水下考古隊編著，《東

（二）臨江對飲人物紋青花盤

出土於臺南社內遺址，兩件殘片復原後口徑爲 11.6、12 公分，器高 2.9、2.8 公分，底徑 5.6、6 公分。器形特徵爲撇口，弧壁，圈足細直，足底內低外高，圈足切修細緻。青料發色藍中帶紫，胎質潔白，施釉及底。盤心繪有臨江對飲人物紋，圈足內有雙圈方框交叉斜線紋款（圖 5-3-5）。而同樣繪有「臨江對飲」題材的青花小杯與盤，可見於 1690 年代的「頭頓」號沉船（圖5-3-6），〔註163〕以及福建平潭海域發現之十七世紀末「碗礁一號沉船」（圖5-3-7）。〔註164〕此外，類似之青花盤亦可見於越南南部發現的「Ca Mau」號沉船（圖 5-3-8），該船年代被判定爲清朝雍正時期（1723～1735），〔註165〕可見此類青花盤在十八世紀初期仍有燒造。

（三）團菊紋青花碗

出土於臺南縣關廟鄉。〔註166〕器形特徵爲撇口，弧壁。青花發色濃艷，外壁與碗心以細筆勾繪團菊紋，間以繁密的纏枝捲草紋，器底可見「積慶□□」青花款（圖 5-3-9）。完全相同之團菊紋青花碗，可見於 1690 年代的 Vung Tau 沉船（圖 5-3-10）。〔註167〕

（四）圓形開光瑞獸紋青花碗

出土於臺南科學園區道爺遺址，口徑 15.2 公分，高 7.4 公分，底徑 7 公分。〔註168〕造形特徵爲撇口，弧壁，圈足內壁斜弧，足底外壁有斜刀切修。外壁青料因燒成時過溫暈散，導致紋飾模糊，施釉及底。外壁繪圓形開光，上下間以三葉花草紋，碗心亦有圓形開光，內繪有瑞獸紋，圈足內雙圈葉形花押款（圖 5-3-11），紋飾造型幾近相同的青花碗，亦可見於福建平潭發現之

　　海平潭碗礁一號出水瓷器》，北京：科學出版社，2006 年，圖版 76、77、103。
〔註163〕Christiaan J. A. Jörg & Michael Flecker, *Porcelain from the Vung Tau Wreck,* fig. 71.
〔註164〕碗礁一號水下考古隊編著，《東海平潭碗礁一號出水瓷器》，圖版 78-81、105-107。
〔註165〕Nguyen Dinh Chien, *The Ca Mau Shipwreck 1723-1735*（Ha Noi: The National Museum of Vietnamese History, 2002,）pl. 116.
〔註166〕臺南縣歸仁鄉歸仁窯遺址周邊普查資料，編號 BI-12 地點，相關紀錄見黃翠梅、李匡悌、蘇一志，《臺南縣歸仁鄉歸仁窯遺址學術調查與研究計畫》，頁 107～108。
〔註167〕Christiaan J. A. Jörg & Michael Flecker, *Porcelain from the Vung Tau Wreck,* fig. 76.
〔註168〕感謝中央研究院歷史語言研究所南科考古隊提供筆者實物進行觀察與紀錄；另見臧振華、李匡悌、朱正宜，《台南科學園區道爺遺址未劃入保存區部份搶救考古計劃期末報告》，頁 451、圖版 10-13。

十七世紀末「碗礁一號沉船」（圖 5-3-12）。〔註 169〕

（五）八卦太極紋青花碗

出土於臺南科學園區道爺遺址，口徑 8.9 公分，高 5.4 公分，圈足外徑 3.6 公分。〔註 170〕器形特徵為，直口，斜弧壁，圈足高直，圈足內壁斜弧，足底外壁斜刀切修，足面尖細。外壁勾繪八卦太極紋，碗心亦見太極紋，圈足內有雙圈葉形花押款（圖 5-3-13）。相同青花碗可見於福建平潭海域發現之「碗礁一號沉船」（圖 5-3-14），〔註 171〕香港大埔碗窯亦有仿燒產品（圖 5-3-15）。〔註 172〕

（六）山水紋青花碗、小杯

社內遺址出土完整山水紋小杯，口徑為 5.6 公分，圈足徑 2.5 公分，器高 4.1 公分。造形特徵為直口，弧壁下收，圈足外壁高直外撇，而內壁淺斜，足底沾黏少量窯砂，外壁與杯心繪有簡筆山水紋（圖 5-3-16）。相同青花小杯可見於福建平潭海域發現之「碗礁一號沉船」（圖 5-3-17）。〔註 173〕

臺南縣關廟鄉（圖 5-3-18）、〔註 174〕臺南善化鎮曾文庄（圖 5-3-19）所採集者，〔註 175〕外壁與器心勾繪簡筆山水紋，圈足切修細緻，器底可見方框花押款、「□□□製」等款文。

（七）醬釉青花小杯

出土於高雄縣左營區鳳山舊城遺址，器身外壁施褐釉，內底繪青花山水紋（圖 5-3-20），〔註 176〕這種在海外俗稱「巴達維亞瓷」（Batavia ware）的醬釉瓷器，胎質白細，青花發色濃艷，圈足切修細緻，應屬景德鎮民窯外銷瓷。

〔註 169〕碗礁一號水下考古隊編著，《東海平潭碗礁一號出水瓷器》，圖版 87。
〔註 170〕感謝中央研究院歷史語言研究所南科考古隊提供實物圖片，並允個人進行觀察與紀錄。
〔註 171〕碗礁一號水下考古隊編著，《東海平潭碗礁一號出水瓷器》，圖版 100、116。
〔註 172〕香港文化博物館編，《香港大埔碗窯青花瓷窯址──發掘與研究》，頁 82、彩圖 38。
〔註 173〕碗礁一號水下考古隊編著，《東海平潭碗礁一號出水瓷器》，圖版 117。
〔註 174〕臺南縣歸仁鄉歸仁窯遺址周邊普查資料，編號 BI-12 地點，相關紀錄見黃翠梅、李匡悌、蘇一志，《臺南縣歸仁鄉歸仁窯遺址學術調查與研究計畫》，頁 107～108。
〔註 175〕感謝許清保先生提供筆者標本進行研究；另見許清保，〈尋訪南瀛十五街〉，頁 259～260。
〔註 176〕臧振華、高有德、劉益昌，〈左營清代鳳山縣舊城聚落的試掘〉，頁 823、圖版 31、32。

同類小杯可見於印尼 Pasar Ikan 荷蘭東印度公司倉庫與河道遺跡，〔註177〕以及福建平潭「碗礁一號沉船」。〔註178〕

（八）花草湖石紋青花小杯

出土於臺南社內遺址，杯心勾繪奇石花草紋，底心可見雙圈葉形花押款、「同順堂製」四字款（圖 5-3-21、圖 5-3-22）。同類小杯可見於福建平潭「碗礁一號沉船」。〔註179〕

（九）康熙素三彩杯

出土於臺南縣麻豆鎮水堀頭遺址，僅存器底與部份器身殘片。胎質潔白，圈足內斂，足底尖細（圖 5-3-23）。〔註180〕坯體以高溫燒成後，再施以黃、褐、綠低溫素三彩。海外出土類似之清初素三彩器，可見於印尼萬丹遺址，其年代被定爲十七世紀後半～十八世紀前半（圖 5-3-24）。〔註181〕

三、清初臺灣島內進口陶瓷的消費狀況

1684 年清廷解除沿海封鎖後，臺灣海峽航路重開，運送管道暢通，中國生產的貿易陶瓷輸入臺灣已無困難，而臺灣進口中國陶瓷的島內消費，遂邁入另一新階段。回顧荷蘭時期以來，台灣南、北各地發現十七世紀前半陶瓷遺物的地點，不過區區數處。到了十七世紀晚期，相關陶瓷出土地點已大幅增加至十餘處，而清初以降，臺閩對渡港口的直接交通，以及漢人移民的持續增加，更加速了此一增長的趨勢。

從陶瓷貿易來源來看，清初江西景德鎮窯器輸入臺灣的數量顯著增加，幾種東亞地區港市所能見到的景德鎮窯貿易陶瓷類型，皆已發現於臺灣出土實物之中。儘管如此，清代台灣進口的中國貿易陶瓷，仍是以閩、粵窯系爲主，而其中又以福建燒造之青花瓷爲大宗。福建製品的質地雖然較差，但價格與運輸費用皆屬低廉，故始終爲島內居民的主要消費產品。至於荷蘭與明

〔註177〕三上次男，〈パサリカン遺跡出土の貿易陶瓷〉，頁 114、圖 11-12。

〔註178〕碗礁一號水下考古隊編著，《東海平潭碗礁一號出水瓷器》，圖版 127。

〔註179〕同上註，圖版 84-85、97、111、122。

〔註180〕劉益昌、劉瑩三，《舊麻豆港水堀頭遺址文化公園區探勘復原計畫》，委託單位：臺南縣政府，研究單位：臺灣打里摺文化協會，2005 年，頁 72、圖版 65。

〔註181〕大橋康二、坂井隆，〈インドネシア・バンテン遺跡出土の陶磁器〉，頁 60、圖版 1-8B、9A、9B、10。

鄭時期多有所見之日本肥前、越南、泰國等非中國製陶瓷，在十七世紀晚期臺灣褪去轉口貿易的角色後，已不再出現於本地居民日用的陶瓷範疇中。

　　另一方面，臺灣出土清初貿易陶瓷的地點，大抵仍以南部地區爲主，此一現象實與臺灣早期開發集中於南部有關。而透過本章第二節與第三節所列舉臺灣各地出土陶瓷，則是以實物應證了多處南部早期聚落的發展歷程。例如上文多次提及的臺南縣關廟鄉，即明鄭歸降清所獻「鄭氏臺灣軍備圖」中繪記之「小香洋民社」，即今日關廟鄉香洋村，該地尚存水利設施「弼衣潭」，傳爲明鄭時期創建。康熙五十九年（1720）陳文達《臺灣縣志》即載：「弼衣潭，在新豐里香洋仔，僞時築蓄雨水以灌田。」〔註 182〕由於水利設施的建設，香洋耕作灌溉無虞，成爲臺灣春耕最早之處，當地「香洋春耨」之景，在清代已列爲臺邑八景之一，〔註 183〕而關廟鄉內相關遺址所發現之陶瓷遺物，正顯示了該地開發甚早的史實。

　　臺南新市鄉社內遺址，即荷蘭時代以來西拉雅平埔族之新港社。該地在明鄭末至清領之初，由於漢人移民不斷增加，已是漢、番混居的聚落，故「鄭氏臺灣軍備圖」註記爲「新港半番民（社）」。社內遺址所見十七世紀後半的貿易瓷，可能已非全然屬原住民所有，長期定居此地的漢人亦是主要的使用者。

　　臺南縣下營鄉茅港尾村，在「鄭氏臺灣軍備圖」中僅繪記爲「梅港尾」，而未稱民社，相傳明鄭中葉已有漢人聚居開墾。〔註 184〕到了十八世紀初，茅港尾已是倒風內海汊港之一，「往郡大路，有橋。商船到此載五穀、糖、菁貨物」，〔註 185〕逐漸成爲了南北通衢。該地「南至郡可六十里，民居輳集，船隻往來，爲沿海各莊要路。」〔註 186〕不意數百年之後，物換星移，茅港尾早已沒落成今日寒村。但當地所發現之十七世紀後半中國進口陶瓷，實清楚反映出茅港尾曾一度繁榮的過往史事。

〔註 182〕陳文達〔清〕，《臺灣縣志》，卷二「建置」，臺中：臺灣省文獻會，1958 年，頁 330。

〔註 183〕盧嘉興，〈臺南縣古地名考〉，《南瀛文獻》，第六卷，1959 年，頁 5；田中克己，〈鄭氏の臺灣地圖〉，《和田博士還曆紀念東洋史論叢》，東京：大日本雄辯會講談社，1951 年，頁 410。

〔註 184〕黃清淵，〈茅港尾紀略〉，《南瀛文獻》，第一卷第二期，1953 年，頁 37。

〔註 185〕〔清〕周鍾瑄，《諸羅縣志》，卷一「封域志」，南投：臺灣省文獻委員會，1993 年，頁 16。

〔註 186〕同上註，卷七「兵防志」，頁 120，

　　臺南縣麻豆鎮水堀頭，清初《諸羅縣志》稱：「麻豆水窟頭，南出灣裏溪墘，北出茅港尾，西出佳里興，漢番雜處之地。」〔註187〕另據乾隆二十年〈麻豆保內港擅築岸塞港道示禁碑〉碑文所載內容，康熙四十至五十年間，水堀頭因港道內築塭問題，造成了當地開墾業戶、港戶、鹽商與官衙頭役之間的紛爭，顯示出十八世紀初期的麻豆港水堀頭，農地拓墾與港道開發皆盛，居民人口頗多，且存在著具有影響力的地方領導人物。〔註188〕清初的水堀頭，隨著漢人移民數量的持續增加，已是商貿繁盛的水路交通要地，而該處發現之康熙素三彩器，為臺灣首次發現，屬江西景德鎮窯之高級產品，顯示部份當地居民對於進口產品，具有較高購買力。

　　十七世紀末以後的臺灣島內陶瓷消費市場，已成為福建地區窯業產品的大量傾銷區，故連橫《台灣通史》稱臺地：「盤盂杯碗之屬，多來自漳泉，其佳者則由景德鎮。」〔註189〕像是閩南安溪、德化、晉江磁竈等窯製品，因佔有交通與價格之便，故成為臺灣本地一般民眾的最佳選擇。至於內地景德鎮窯器，品質較佳，但價格昂貴，僅官宦富庶人家有能力購置。

圖 5-1-1：明監國魯王朱以海墓（1662）三合土壙蓋殘件

圖 5-1-2：明監國魯王朱以海墓壙蓋鑲嵌瓷碗

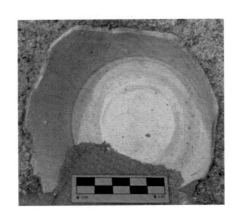

〔註187〕同上註。
〔註188〕曾品滄，〈從番社到漢庄──十七至十九世紀麻豆地域的拓墾與市街發展〉，收於林玉茹、劉益昌，《水堀頭遺址探勘試掘暨舊麻豆港歷史調查研究報告》，第貳章，文化建設委員會、臺南縣政府文化局委託，2003 年，頁 101～102。
〔註189〕連橫，《臺灣通史》，臺北：眾文圖書公司，1979 年，頁 644。

圖 5-1-3：高雄縣左營區鳳山舊城遺址出土
「宣明」款肥前窯青花瓷殘片

圖 5-1-4：臺南縣新市鄉社內遺址出土　肥前窯折沿開光紋青花盤

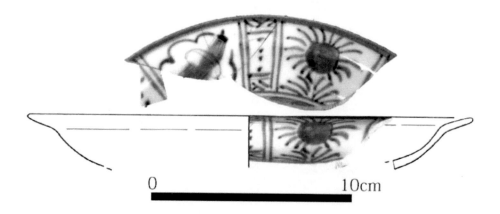

圖 5-1-5：爪哇島巴達維亞 Jalan Kopi 遺址出土
　　　　肥前窯折沿開光紋青花盤

圖 5-1-6：瓜地馬拉 Antigua 之聖多明哥修道院出土
　　　　肥前窯折沿開光紋青花盤

圖 5-1-7：臺南縣新市鄉社內遺址出土
　　　　肥前窯雲龍紋青花碗

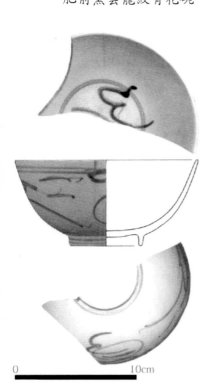

圖 5-1-8：泰國大城府（Ayutthaya）Chao Phraya 河出土
　　　　肥前窯雲龍紋青花碗

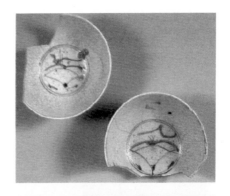

圖5-1-9：臺南縣新市鄉社內遺
址出土　肥前窯雙勾
花卉紋青花碗

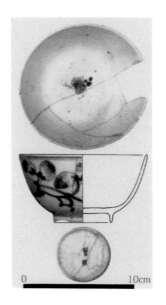

圖5-1-10：臺南縣新市鄉社內遺
址出土　肥前窯青花
瓶形器

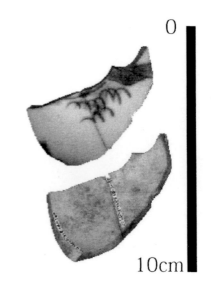

圖5-1-11：日本九州有田町外山
地區多多良之元窯跡
C窯址出土
長頸青花瓶

圖5-1-12：臺南縣新市鄉社內遺
址出土
肥前窯竹枝紋青花小
杯

圖 5-1-13：南明永曆三十六年（1682）夫人洪氏墓出土
　　　肥前窯山水紋青花小瓶

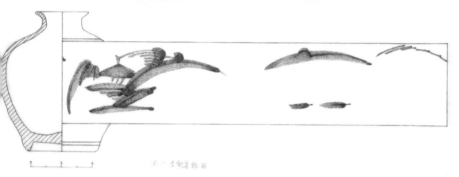

圖 5-1-14：夫人洪氏墓出土
　　　肥前窯山水紋青花小
　　　瓶器底

圖 5-1-15：泰國 Thao Khot 寺出土
　　　肥前窯山水紋青花小瓶

圖 5-1-16：南明永曆三十六年
夫人洪氏墓墓碑

圖 5-1-17：臺南市海安路地下街工
程出土　肥前窯山水紋
青花碗

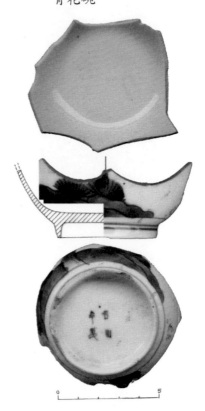

圖 5-1-18：臺南安平熱蘭遮城
出土　唐津二彩器

圖 5-1-19：根津美術館藏
唐津二彩罐

圖 5-1-20：臺南縣新市鄉社內遺址出
土 越南北部釉下褐彩碗

圖 5-1-21：日本長崎万才町
遺跡出土 印花
紋（判印手）釉
下褐彩碗

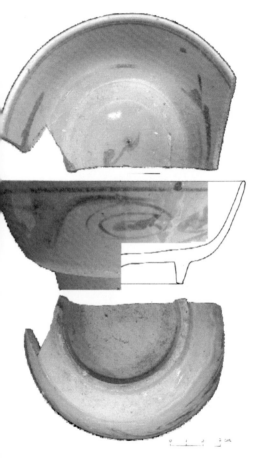

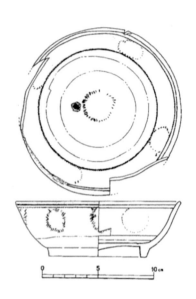

圖 5-1-22：越南北部 Hop Le
窯出土 印花紋
釉下褐彩碗

圖 5-1-23：臺南縣新市鄉社內遺址出
土　越南北部釉下褐彩碗

圖 5-1-24：日本堺環濠都市
遺跡出土　印花
紋釉下褐彩碗

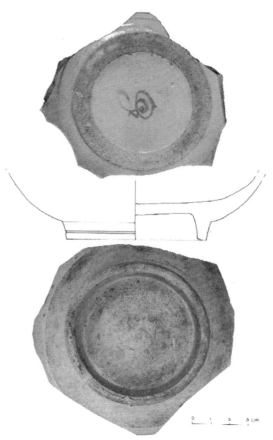

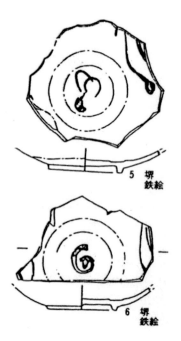

圖 5-1-25：臺南市文化局藏
平口小底瓶

5-1-26：臺南市文化局藏　圖5-1-27：國立臺灣歷史博物館藏
　　　平口小底瓶　　　　　　　平口小底瓶

5-1-28：高雄左營鳳山舊城遺　圖5-1-29：臺南安平熱蘭遮城遺
　　　址出土　平口小底瓶　　　　址出土　平口小底瓶

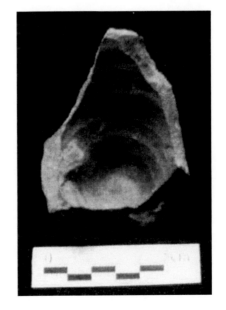

圖5-1-30：日本堺環壕都市遺跡出土　平口小底瓶

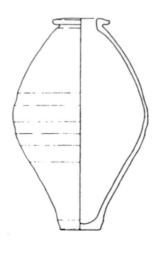

圖5-2-1：臺南縣新市鄉社內遺址　　圖5-2-2：臺南縣新市鄉社內遺址
出土　秋葉紋青花盤　　　　　　出土　秋葉紋青花盤

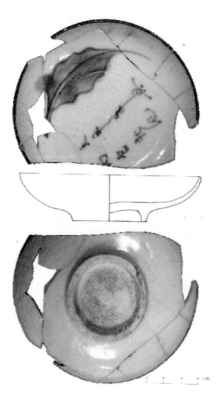
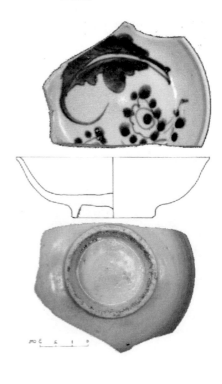

5-2-3：福建東山島冬古灣沉沒　　圖 5-2-5：高雄縣左營區鳳山舊城
　　　明鄭戰船出土　　　　　　　　　　遺址出土
　　　秋葉紋青花盤　　　　　　　　　　秋葉紋青花盤

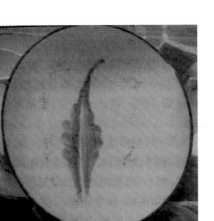
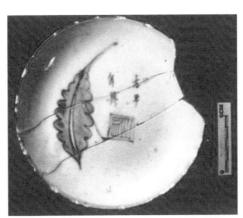

圖 5-2-4：越南南部 1690 年代 Vung Tau 沉船出土　　秋葉紋青花盤

圖 5-2-6：高雄縣左營區鳳山舊城遺
址出土　秋葉紋青花盤

圖 5-2-8：臺南縣新市鄉社內遺
址出土
文字紋青花碗

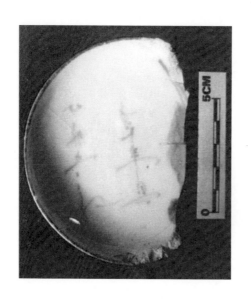

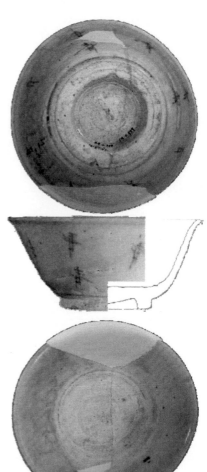

圖 5-2-7：於北京採集「大清丁未
年製」款秋葉紋盤殘片

圖5-2-9：高雄湖內鄉寧靖王朱術桂
　　　　墓出土　文字紋青花碗

圖5-2-10：臺南縣新市鄉社內
　　　　　遺址出土
　　　　　文字紋青花碗

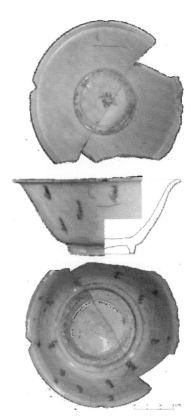

圖5-2-11：日本鹿兒島縣吹上濱為
　　　　　1660年代沉船出土
　　　　　文字紋青花碗

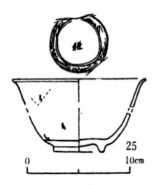

圖 5-2-12：臺南市文化局收藏 文字紋青花碗　　圖 5-2-13：臺南縣新市鄉社內遺址 出土　文字紋青花碗

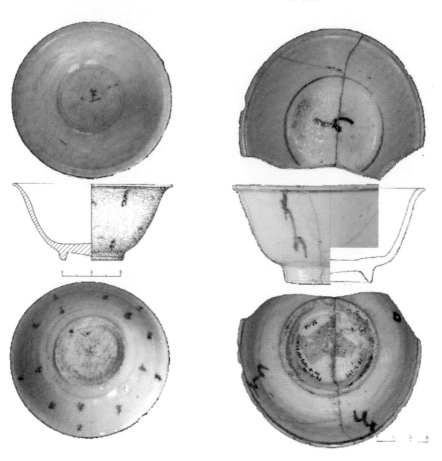

圖 5-2-14：高雄縣左營區鳳山舊城遺址出土　文字紋青花碗

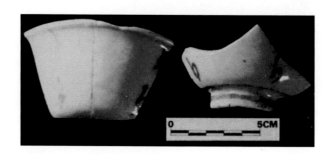

圖 5-2-15：越南南部 1690 年代
Vung Tau 沉船出土
文字紋青花碗

圖 5-2-16：馬來西亞萬曆號沉
船出土
文字紋青花碗

圖 5-2-17：臺南縣新市鄉社內遺址出土　「疏朗型」團菊紋碗

圖 5-2-18：高雄左營鳳山舊城遺
址出土
「疏朗型」團菊紋碗

圖 5-2-19：臺南科學園區石頭埔
遺址出土
「疏朗型」團菊紋碗

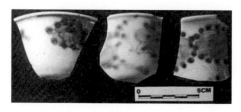

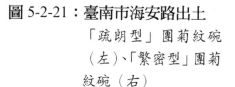

圖 5-2-20：日本昭和年間台南市
鹽程區墓葬出土
「疏朗型」團菊紋碗

圖 5-2-21：臺南市海安路出土
「疏朗型」團菊紋碗
（左）、「繁密型」團菊
紋碗（右）

圖 5-2-22：臺南縣下營鄉茅港尾出
　　　土　「繁密型」團菊紋碗

圖 5-2-23：南非 Cape Town 出
　　　土　「繁密型」團
　　　菊紋碗

圖 5-2-24：高雄左營鳳山舊城遺址
　　　出土
　　　「粗簡型」團菊紋碗

圖 5-2-25：臺南縣下營鄉茅港尾
　　　出土
　　　「粗簡型」團菊紋碗

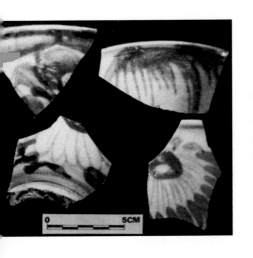

圖 5-2-26：麻豆後牛稠出土　　　圖 5-2-27：高雄左營鳳山舊城遺址
　　　「粗簡型」團菊紋碗　　　　出土　赤壁賦乘船人物
　　　　　　　　　　　　　　　紋青花碗

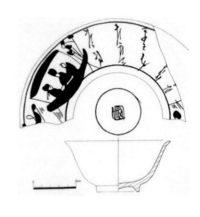

圖 5-2-28：越南會安出土赤壁賦乘船人物紋青花碗

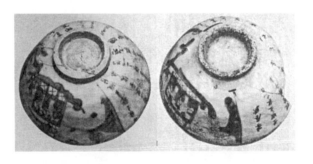

圖 5-2-29：高雄左營鳳山舊城遺址出土　簡筆山水紋青花碗

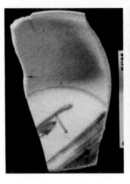
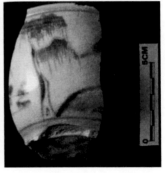

圖 5-2-30：臺南科學園區道爺遺
　　　　　址出土
　　　　簡筆山水紋青花碗

圖 5-2-31：臺南關廟鄉（右）與
　　　　　國立成功大學光復校
　　　　　區（左）出土
　　　　簡筆山水紋青花碗

圖 5-2-32：越南南部 1690 年代
　　　　　Vung Tau 沉船出土
　　　　簡筆山水紋青花碗

圖 5-2-33：臺南新市鄉社內遺址
　　　　　出土　白瓷小杯

圖 5-2-34：越南南部 1690 年代 Vung
　　　　Tau 沉船出土
　　　　白瓷碗、杯

圖 5-2-35：臺南縣柳營鄉南
　　　　明永曆二十八年
　　　　（1674)蔣鳳墓出
　　　　土　白瓷小罐

圖 5-2-36：越南南部 1690 年代 Vung
　　　　Tau 沉船出土　白瓷小罐

圖 5-2-37：臺南新市鄉社內
　　　　遺址出土
　　　　白瓷湯匙

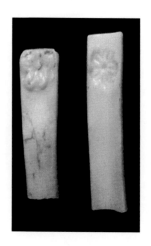

圖 5-2-38：臺南關廟鄉出土
　　　　　白瓷湯匙

圖 5-2-39：越南南部 1690 年代
　　　　　Vung Tau 沉船出土
　　　　　白瓷湯匙

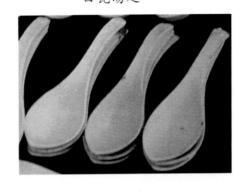

圖 5-2-40：臺南新市鄉社內遺址
出土　　白瓷西洋人物
塑像

圖 5-2-41：西方私人收藏
　　　　　白瓷騎獸人物

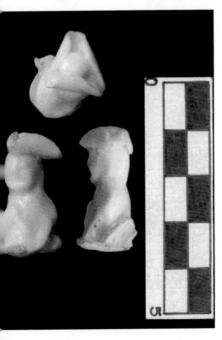

圖 5-2-42：德化窯窯址出土　　匣缽

圖 5-2-43：臺南新市鄉社內遺　　圖 5-2-44：臺南新市鄉社內遺址出土
　　　　址出土　醬釉白瓷　　　　　　　　醬釉青花小杯
　　　　小杯

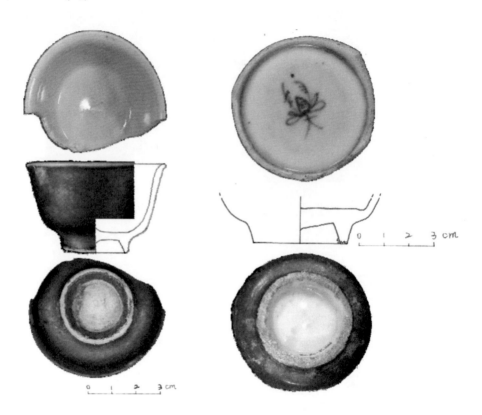

圖 5-2-45：臺南市明鄭時期陳忠欽墓出土　醬釉小罐

圖 5-2-46：陳忠欽墓出土　醬釉小罐

圖 5-2-47：臺南新市鄉社內遺址
出土
醬釉大口四繫罐

圖 5-2-48：臺南新市鄉社內遺址
出土
醬釉大口四繫罐

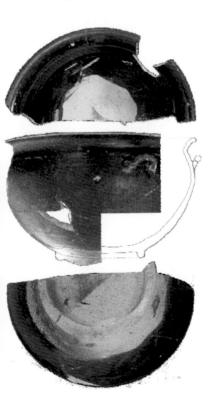
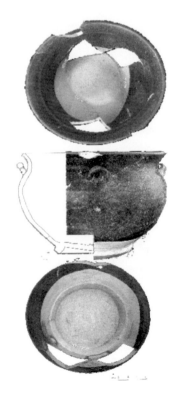

圖 5-2-49：越南南部 1690 年代 Vung Tau 　　圖 5-2-50：臺南新市鄉社
　　沉船出土　醬釉大口四繫罐　　　　　　　內遺址出土
　　　　　　　　　　　　　　　　　　　　　　醬釉油燈碟圖

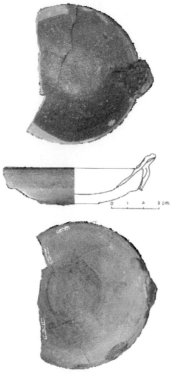

圖 5-2-51：越南南部 1690 年代 Vung Tau
　　沉船出土　醬釉油燈碟

圖 5-2-52：臺灣海峽打撈　　　　圖 5-2-53：越南南部 1690 年代 Vung Tau
　　醬釉細頸大罐　　　　　　　　　沉船出土　醬釉細頸大罐

圖 5-2-54：臺南市萬福庵傳世「阮夫人寺」款青花鳳尾瓶

圖 5-2-55：「明英義伯季友阮公」神主牌位及其背面嵌板墨書（筆者
　　　　　攝於萬福庵）

圖 5-3-1：臺南科學園區道爺遺址
出土　牡丹鳳紋青花盤

圖 5-3-2：越南南部 1690 年代
Vung Tau 沉船出土
牡丹鳳紋青花盤

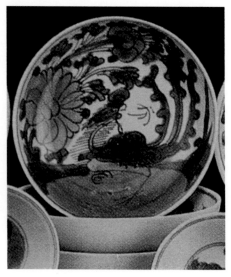

圖 5-3-3：馬來西亞麻六甲
Stadthuys 博物館收藏
牡丹鳳紋青花盤

圖 5-3-4：福建平潭「碗礁一號沉
船」出土
牡丹鳳紋青花盤

圖 5-3-5：臺南新市鄉社內遺址出土　臨江對飲人物紋青花盤

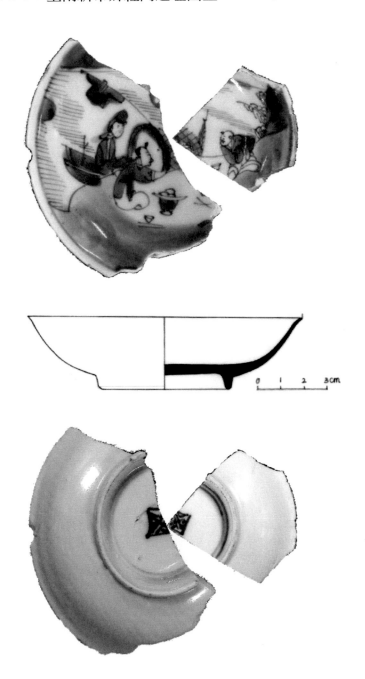

圖 5-3-6：越南南部 1690 年代 Vung Tau 沉船出土
臨江對飲人物紋青花小杯

圖 5-3-7：福建平潭「碗礁一號沉船」出土　臨江對飲人物紋青花盤

圖 5-3-8：越南南部「Ca Mau」號沉船出土　臨江對飲人物紋青花盤

圖5-3-9：臺南縣關廟鄉出土
　　團菊紋青花碗

圖5-3-10：越南南部1690年代
　　Vung Tau 沉船出土
　　團菊紋青花碗

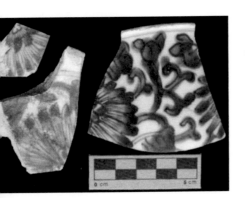

圖5-3-11：臺南科學園區道爺遺
　　址出土　圓形開光瑞
　獸紋青花碗

圖5-3-12：福建平潭「碗礁一號
　　沉船」出土　圓形開
　光瑞獸紋青花碗

圖 5-3-13：臺南科學園區道爺遺址
出土
八卦太極紋青花碗

圖 5-3-14：福建平潭「碗礁一
號沉船」出土
八卦太極紋青花碗

圖 5-3-16：臺南縣新市鄉社內遺址
出土　簡筆山水紋小杯

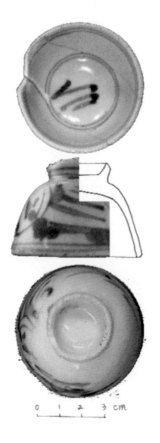

圖 5-3-15：香港大埔碗窯出土
八卦太極紋青花碗

5-3-17：福建平潭「碗礁一號 　　圖 5-3-18：臺南縣關廟鄉出土
　　沉船」出土 　　　　　　　　簡筆山水紋碗、杯
簡筆山水紋小杯

圖 5-3-19：臺南縣善化鎮曾文庄出
　　　土　簡筆山水紋小杯

圖 5-3-20：高雄左營區鳳山舊城遺址出土　醬釉青花小杯

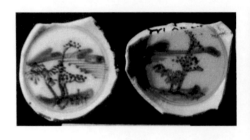
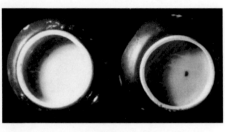

圖 5-3-21：臺南縣新市鄉社內遺
　　　　　址出土　花草湖石紋
　　　　　青花小杯器心

圖 5-3-22：臺南縣新市鄉社內遺
　　　　　址出土　花草湖石紋
　　　　　青花小杯器底

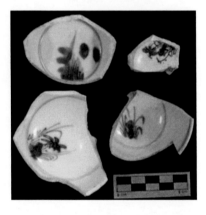

圖 5-3-23：臺南縣麻豆鎮水堀頭遺
　　　　　址出土　康熙素三彩杯

圖 5-3-24：印尼萬丹遺址出土
　　　　　康熙素三彩碗

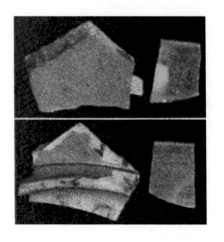
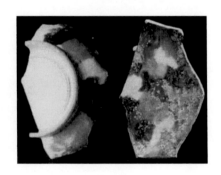

第六章 十七世紀臺灣貿易陶瓷與其歷史意義

第一節 顯示臺灣與中國閩贛、日本、東南亞、荷蘭之間的貿易交通

透過本論文研究，大致已可獲知十七世紀臺灣所見各種類型陶瓷的造型與紋飾特徵、貿易變化，以及島內消費狀況。而十七世紀臺灣所出現的各種外來陶瓷，以中國福建、江西等地製品為主，另有日本、東南亞，乃至於歐洲產品，充分反映出臺灣與中國閩、贛二省、日本、東南亞、荷蘭等地間的貿易交通。

一、與江西之交通

1622 年以前，由於臺灣島內並無高品質瓷器的消費市場，所以幾乎未見江西景德鎮窯器輸入。1622 年以後，荷蘭人在中國沿海積極從事貿易，江西景德鎮窯所生產的青花瓷，始見於澎湖風櫃尾。1630 年代，以臺灣為轉口港的中、荷貿易大規模展開，被荷蘭人視為「精細瓷器」的江西景德鎮窯瓷貨，遂開始源源不絕地輸入臺灣。由於江西景德鎮瓷器的價高質精，荷蘭人不惜預付大量訂金，委託華商深入中國內地景德鎮窯區訂購。十七世紀前半，在臺荷人收購的景德鎮窯瓷器，大多為具有「開光紋」的克拉克瓷（Kraak Porcelain）。而透過文獻紀錄與考古出土實物可知，1636 年以後，還有一種被

稱爲「新型的」或「精美的新種類瓷器」被輸入臺灣，這些瓷貨可能即爲景德鎮窯新出現的「轉換期」瓷器（Transitional Wares）。荷蘭時期臺灣所輸入的江西景德鎮瓷器，大多透過荷蘭東印度公司貿易網絡，被轉口輸往海外各地。

江西景德鎮瓷器輸入臺灣者，以青花瓷爲多。在製作工藝特徵上，景德鎮窯瓷器的紋飾，要比福建、廣東青花瓷來的精細，釉下青料發色佳，胎質潔白，圈足切修與墊燒處理也較爲細緻。

西元十七世紀前半，江西景德鎮產品對臺輸出路線，主要是由饒州府浮梁縣河運至東部建昌府廣昌後，水陸接運進入閩南，再沿九龍江運抵廈門、安海等地後，裝船運抵臺灣南部的大員港。此外，透過本論文考證可得知，還有一條景德鎮窯對閩、臺地區運輸路線，可能是由贛東水路運至閩北省界，再分三路經由崇安、建寧、邵武等處，沿閩江一路而下，最後運抵福州港裝船輸出臺灣。到了十七世紀晚期，這條以福州爲出口港的陶瓷貿易線，在經歷了清初海禁封鎖與戰亂之後，仍再度肩負起海外瓷器貿易的重要功能。以近年福建平潭島發現的碗礁一號沉船爲例，該船爲滿載江西景德鎮民窯瓷器之貨船，失事沉沒年代約爲十七世紀末期，沉沒地點在閩江口以南的海路航道上，應是出閩江口而南行的貿易船，船上的瓷器，可能是由贛東南進入閩江水系，爾後順江而下至閩江口入海。〔註1〕碗礁一號沉船所顯示的景德鎮窯瓷器貿易路線，可清楚對應於十七世紀前半荷蘭文獻紀錄中有關閩北福州對臺灣的瓷器貿易輸出紀錄，而該沉船出土遺物與臺灣出土清初景德鎮窯瓷器的密切關係，更顯示了這條傳統的瓷器外銷路線，在對臺灣與海外貿易上所發揮的重要性。

至於 1660 年代至 1680 年代初期的二十年間，江西景德鎮窯產品輸入臺灣的數量銳減，其可能原因有二；一是饒州景德鎮地區因三藩之亂而受到戰火蹂躪。其二則是沿海地區因海禁、遷界，以及清、鄭之間戰爭頻繁，造成了臺灣明鄭時期所見景德鎮窯器頗爲稀少。1683 年鄭氏投降清朝，沿海封鎖隨之解除，臺灣海峽航路重開，江西景德鎮窯器輸往臺灣的數量應有明顯增加。此時期臺灣輸入的景德鎮窯瓷器，已非轉口貿易貨物，而是改以供應島內民生消費爲主。江西景德鎮窯器品質優於閩、粵地區產品，但價格較爲昂

〔註1〕 碗礁一號水下考古隊編著，《東海平潭碗礁一號出水瓷器》，北京：科學出版社，2006 年，頁 19～21。

貴，僅官宦或富庶人家有能力購置，因此所佔數量不多。

二、與福建之交通

　　臺灣所見十七世紀外來陶瓷，以各式福建產品為大宗，代表了臺灣在十七世紀以後，已被納入了福建陶瓷海外銷售的貿易網絡中。

　　十六世紀晚期至十七世紀前半，臺灣島內使用的中國青花瓷與彩瓷，多為沿海福建窯系產品，其中又以閩南漳州窯器佔絕大多數，窯口包含了平和縣、南靖縣、韶安縣、漳浦縣、華安縣等地。這些漳州窯器的紋飾與造型，以模仿江西景德鎮窯的青花瓷或加彩瓷為主。漳州窯的紋飾相當粗放，胎質較差，胎色呈灰、黃色，且多雜質與孔隙。釉層的透明度也較差，呈灰青色或灰黃色，至於釉下青料也大多是藍中帶灰，甚至有釉面未熟的劣質品。在製作工藝特徵上，漳州窯器圈足切修粗陋，施釉後足底多不再修整。為了快速燒製以提高產量，坯體直接置於窯砂上燒成，所以圈足或盤底釉汁會沾黏大量窯砂，影響了外觀與使用，故荷蘭人將這些品質較差的中國瓷器稱為「粗糙瓷器」或「粗瓷」。島內居民常用的漳州窯器類為碗、盤、杯等餐飲用器，瓶、罐數量稀少。而在轉口貿易方面，由於漳州窯產品價格偏低，銷售利潤不高，所以荷蘭人僅將其轉口銷售於東南亞的「島間貿易」市場。

　　十七世紀中期以後，中國南方的戰亂，嚴重影響江西景德鎮窯的輸出，而漳州處於沿海清廷與明鄭交戰地區，生產與輸出理應受到影響，但臺灣考古與文獻資料皆顯示，閩、粵沿海窯業並未完全中斷，臺灣明鄭商團在廈門地區的走私活動，仍不斷將該地陶瓷產品輸出臺灣與海外地區。

　　另就區域內窯場消長關係來看，臺灣出土十七世紀後半的福建青花瓷遺物，儘管顯示了閩南陶瓷生產並未斷絕，但窯業重心似乎有從九龍江流域南部逐漸向北轉移的趨勢，泉州安溪一帶窯場的產品，開始較為頻繁地出現於臺灣島內市場中。到了十八世紀以後，曾經興盛一時的漳州窯區業已逐漸衰落，代之而起的是以德化、安溪、永春為首的泉州窯區，該地此時已成為福建青花瓷輸出的重鎮，而臺灣島內陶瓷進口來源，也隨之改以泉州出口瓷器為主。

　　早在十六世紀晚期至十七世紀初，歐洲人入據臺灣以前，福建德化窯所生產的白瓷器，就已經輸入臺灣島內的原住民聚落，其中不乏白瓷長頸瓶、弦紋三足爐等高品質白瓷。至此以後，白瓷雖不為臺灣進口主要瓷器，但始

終保持一定數量。各類白瓷製品中，以德化窯品質較佳，其他如漳州華安等窯亦有，但質地與製作工藝較差，多屬一般日用粗瓷。

臺灣所見十七世紀高溫硬陶，以盆、罐、瓶、缸、甕爲主，器表施有醬釉、褐釉或不施釉，製作工藝粗簡，胎色多灰黃或灰褐，部份粗糙夾砂。在國際海上貿易中，高溫硬陶多被用來裝盛貿易物資，或備於船中存放補給用品。早在西元十六世紀至十七世紀初，高溫硬陶已經被華商賣入臺灣，而被本地居民拿來用做裝盛、儲藏或炊煮用器。到了荷蘭時代，臺灣進口陶罐數量龐大而穩定，單是 1646 至 1655 年間，至少就有五萬捆陶罐被輸入臺灣。這些高溫硬陶罐輸入臺灣後，大多沒有被轉口賣出，而是被分銷於島內各地，成爲本地居民的日常生活器具。根據本論文研究，荷蘭時期至少有兩種十二類中國製高溫硬陶被島內居民所使用。至於這些高溫硬陶的生產窯口，應該仍以靠近福建漳州、泉州、福州等輸出港週邊地區可能性最大，因爲這些日用粗陶的價格不高，故不太可能從距離太遠的窯區運來。

另一種可能爲福建北部燒造的進口瓷器，爲臺灣俗稱「安平壺」的青白或青灰釉罐。安平壺在臺灣出土的數量極大，據學者陳信雄先生推估，遺物總數至少在兩萬件以上。至於這些瓷罐的進口用途，極可能與十七世紀臺灣島內的高額酒類消費有關。根據相關史料的統計，十七世紀前半臺灣進口酒類的總數，高達三十餘萬罐，這些酒類在島內被消費使用後，必定會留下大量空瓶，這些空的陶瓷容器在當時仍然具有市場需求，而被島內居民拿來「二次使用」或「回收再利用」，故荷蘭人會以「空的罐子、壺、空的麥酒瓶、空瓶子」與島內原住民進行交易。文獻所載各類空的陶瓷容器之中，可能就包含了大量安平壺。

綜觀十七世紀全期，臺灣所見福建燒製的貿易陶瓷，包含青花瓷、彩瓷、白瓷、高溫硬陶、安平壺等，而這些產品始終是當時臺灣外來陶瓷的大宗，顯示了閩、臺之間長期保持著密切交流。

三、歐洲人來到臺澎

澎湖風櫃尾荷蘭城遺跡、臺南熱蘭遮城遺址（安平古堡）出土的十七世紀歐洲陶器，以萊因河流域燒製之高溫鹽釉陶、錫白釉陶（Majolica）爲代表，顯示了大航海時代歐洲人遠度重洋，東來亞洲貿易的足跡。

臺灣所發現歐洲陶器的數量不多，且非大宗貿易貨物，實屬荷蘭聯合東

印度公司所屬人員或船隻，從荷蘭本國攜帶來臺灣之日用容器。這類陶器流入臺灣島內居民手中的可能性較低，其使用對象與範圍，可能僅限於在臺荷人的社群之中。

　　臺灣所出土的十七世紀歐洲陶器，並非貿易商品，與本地人民生活甚無關聯，但就十七世紀歐亞文化交流而言，其仍體現了歐洲人東來亞洲，以及荷蘭東印度公司商業網絡在澎湖、臺灣地區經營發展之史實。

四、日本與越北交通臺灣

　　早在十世紀晚期以後，中國所產陶瓷製品成為了對海外貿易的強勢商品，歐、亞各地所見各種貿易陶瓷遺物，常以中國製品為大宗。儘管如此，在之後的數百年間仍出現了兩次中國貿易瓷無法大量輸出，導致海外市場陶瓷供貨短缺的現象。第一次發生在十五世紀前半，因為中國執行嚴屬的海禁措施，引發了東南亞本地陶瓷工業的崛起。〔註2〕第二次則是出現在十七世紀後半，由於沿海戰爭與清廷的海禁與遷界政策，導致了中國瓷器輸出的銳減，以及日本肥前窯業與東京（越北）窯業的興盛。

　　臺灣南部地區出土的肥前陶瓷，以及本論文所確認之越北陶瓷，除了顯示十七世紀後半，臺灣因中國陶瓷短缺，轉而進口若干非中國製品，以填補其轉口貿易貨源以及島內消費市場的需求，同時也反映臺灣明鄭政權與日本、中南半島之間的密切交通。

五、泰國交通臺灣

　　十七世紀泰國生產的陶器，見於臺灣南、北兩地考古遺址，且民間多有傳世收藏。相同陶器可見於泰國湄南河 Bang Rachan 地區窯址、暹邏灣沉船、東印度公司沉船，以及東亞、東南亞各國港市遺蹟。透過中文史料《東西洋考》可知，中國閩南地區在明代晚期，已開始進口若干暹邏等地生產的「番泥瓶」，而臺灣出土的十七世紀泰國陶器，不僅可對應於史料紀錄，同時也反映出當時中國南方、東南亞與臺灣三地的密切交流。

　　十七世紀臺灣出現的泰國陶罐，大體應是隨著所裝盛的物資輸入，顯示從荷蘭時期至明鄭時期，臺灣與暹邏之間的高度商業往來。至於陶罐本身僅

〔註2〕　盧泰康，〈海外遺留的明初陶瓷與鄭和下西洋之關係〉，《鄭和下西洋研討會論文集》，臺南：國立成功大學歷史系，2002年，頁219～257。

爲附屬商品，這些陶器進入島內之後，可能在功能上與中國製的安平壺、高溫硬陶相同，持續被島內居民使用，充做裝盛各種日用物品的容器。

第二節　臺灣呈現貿易轉口港的生命力

　　十六世紀後期，由於漳州月港的開放，逐漸有較多的中國貨物輸入臺灣，但福建商人與臺灣原住民之間的交易，仍然處於較爲原始的貿易模式，且貿易量不高。此時的臺灣，看不到貿易轉口港的功能，仍然是處於化外之地，東亞國際貿易的邊緣。

　　到了 1622 年，由於荷蘭東印度公司在亞洲的積極擴張，使得澎湖成爲中國貿易轉運站，澎湖風櫃尾出土的大量晚明貿易陶瓷，正顯示了臺、澎地區在東亞海上貿易網絡中的地位，開始發生了重要改變，同時預示了荷蘭人日後在臺灣所進行的大規模陶瓷轉口貿易。

　　1624 年，在中國軍事的強力主導下，荷蘭人被迫從澎湖轉移至臺灣落腳，臺灣也就此邁入了嶄新紀元，由原始蠻荒的史前時期邁向歷史時期。荷蘭人領臺之後，迅速而積極發展臺灣的轉口港功能，而這種貿易轉口港的經營，使得臺灣頻繁交通東南亞、日本、印度、西亞，以至於歐洲，這是臺灣從所未有之角色，也是十七世紀臺灣最具代表性的經濟貿易模式。

　　十七世紀臺灣所見諸多轉口商品中，生絲與瓷器是臺灣轉口港生命力的重要內容，而其中瓷器實屬較能承受經營競爭之商品；以生絲與瓷器之貿易比較爲例，1640 年代荷蘭東印度公司與華商在日本市場激烈競爭時，荷蘭因爲在中國絲貨貿易上，毫無利潤空間，只好轉而購買孟加拉生絲輸日。至於荷蘭人從臺灣轉口的中國瓷器，雖然無法在亞洲部份市場獲利，卻能靈活運用中國製陶瓷本身的強大競爭力，並配合其優越的亞洲長程和多邊貿易網絡，將陶瓷輸送至其他地區獲利。荷蘭船隻在臺灣裝貨後，直接遠航南亞與阿拉伯海，省去途中接駁的運輸成本。而在產品類型上，臺灣大員商館能直接與中國瓷貨商接洽，以特定樣品訂燒符合波斯、印度市場需求的瓷器。這種高額獲利的陶瓷轉口貿易，從荷蘭時期一直延續至明鄭時期，不僅充分展現臺灣在地理條件上的優越性，同時也顯示臺灣在十七世紀全球經濟體系中所扮演的重要角色。

第三節　臺灣交通海外活力的巔峰在荷、鄭時期

　　從荷蘭時期至明鄭時期，臺灣始終在亞洲地區扮演著貿易交流的中介角色，此爲臺灣對外交通活力的巔峰時期。透過本論文分析統計，1626 年至 1654 年間臺灣轉口輸出世界各地的陶瓷總數，至少超過四百六十餘萬件，而在所有輸出地區中以運至巴達維亞所佔比例最高，數量接近兩百九十萬件，大部份瓷貨屬精細的江西景德鎮窯製品，是由荷蘭歸國艦隊運回荷蘭本國及歐洲其它市場。剩下的瓷器貨品，則多用於東南亞區域內的「島間貿易」。比例次高爲轉口輸往印度、波斯地區，數量約一百餘萬件。其它轉口輸往東南亞、日本地區的數量，則接近七十萬件。

　　1662 年，鄭成功驅逐荷蘭人，首度開創漢人在臺政權。其後二十餘年間，鄭氏三代開發臺灣兩北兩路，並持續從事轉口貿易。明鄭政權所經營的陶瓷轉口貿易，儘管在商品類型與貿易對象上有些改變，但貿易模式大抵仍同於荷蘭時期，並持續二十年之久。明鄭時期臺灣的陶瓷轉口貿易，雖未詳載於史料中，而臺灣南部地區出土的日本肥前與越南北部陶瓷，則清楚地說明了明鄭與遠處的交流關係。

　　荷蘭時期的臺灣，積極從事國際轉口貿易，臺灣就此進入對外交通活力的巔峰期。到了荷蘭時代的後期，除貨物轉口輸出外，鹿皮、蔗糖等物臺灣本地土產亦開始成爲重要輸出品，並持續在之後的明鄭時期成爲外銷的大宗貨物。十八世紀以後，臺灣的經濟貿易模式改變，轉而以稻米、蔗糖等農業生產爲主，轉口貿易的盛況不復可見，臺灣與海外各地的交通也漸趨沉寂。

第四節　島內居民進口陶瓷消費的變遷

　　十六世紀後期，漳州月港開放，閩南與臺灣之間出現了一條稱之爲「小東洋」航線的貿易路線，遂有中國福建海商不時渡海前來貿易。臺灣各地鐵器時代晚期遺址中所發現的一些陶瓷遺物，如排點紋青花碗、青瓷花口盤、硬陶帶繫小罐等，正反映陳第〈東番記〉所言，「（臺灣）始通中國，今則日盛」的狀況。漳、泉沿海地區商民，「往往譯其語與貿易，以瑪瑙、磁器、布、鹽、銅簪環之類，易其鹿脯、皮角。」臺灣島內各地原住民開始有較多的機會接觸中國燒製的陶瓷產品。

　　荷蘭與西班牙時期，臺灣島內進口陶瓷消費逐漸增加，其陶瓷貨物大致

可分爲三類,第一類爲瓶、罐、盆等高溫硬陶,這些實用陶器大多未被用於轉口貿易,屬當時臺灣島內居民所需之裝盛用器。第二類爲碗、盤等瓷器,大多以粗瓷爲主。第三類則爲罐裝酒類用盡後所留下空容器。臺灣島內陶瓷消費最多者爲第一類高溫硬陶容器,這些中國輸入的陶瓷容器,單價不高,且方便耐用,品質遠優於島內原住民自行燒製的傳統夾砂陶器,故在南北各地皆有相當市場。數量次高者爲罐裝酒類,其所裝盛酒貨可做爲飲料,且用盡後的空容器仍有裝盛功能,故在島內普遍受到歡迎。至於碗、盤等餐飲用瓷數量較少,雖然荷蘭時代島內各地引進中國瓷器的數量,已遠超過 1620 年代之前,但對於島內原住民來說,進口的新奇舶來品,不一定適用於本地傳統飲食習慣。另一方面,荷蘭印度公司在臺的各項經濟活動與開發,仍著重於利益的榨取,其所獲得之龐大商業利潤,大多轉送回國,並未對島內民生投注太大心力。以陶瓷爲例,荷蘭時期臺灣島內的進口陶瓷消費頗高,但多屬粗質陶瓷,由於利潤微薄,故荷蘭人對於島內瓷貨的分銷與經營,並未給予太多關注。

到了明鄭時期,臺灣島內進口陶瓷消費,依各種陶瓷貨品來源的不同,而呈現出使用程度多寡的差異;日本肥前瓷器應爲大宗貿易物資,故流入島內市場的數量不多。至於沿海閩、粵地區生產的陶瓷,仍爲島內主要的日常用瓷。另一方面,由於漢人移民數量有所增長,故島內陶瓷消費比例亦較前期略爲提高。而明鄭時期漢人墓葬出土的一些陶瓷陪葬品,也顯示出新來移民的政治與經濟地位較高,並隨之傳入一些閩南漢式葬俗。

清初以後,中國進口陶瓷與漢人移入數量同時持續增加,從而改變本地原住民的生活用器類型。而這種物質文化的消長現象清楚地呈現在臺灣南、北各地考古遺址出土遺物中。清初來臺的黃叔璥在《臺海使槎錄》中亦稱臺灣南部原住民:

> 炊飯用鐵鐺,亦用木扣,陶土爲之,圓底縮口,唯有唇起以承甑;
> 以石三塊爲竈,至木扣於上以炊。近亦築竈,監製桌以及五綵瓷器;
> 非以資用,爲美觀耳。〔註3〕

「陶土爲之」、「圓底縮口」之木扣,即爲本地民族自行燒造之陶器。但隨著外來陶瓷商品的持續輸入,原住民已逐漸放棄了傳統製陶技術,改採外來陶

〔註3〕 〔清〕黃叔璥,《臺海使槎錄》,卷五,〈番俗六考〉「北路諸番一 器用」,南投:臺灣省文獻會,1999 年,頁 97。

瓷做為日常生活用器。清初周鍾瑄的《諸羅縣志》中，提到原住民如遇「客至，出酒以敬，先嘗而後進；香鑪、瓷缾悉為樽罍。」〔註4〕所謂「香鑪」、「瓷缾（瓶）」，盡為外來進口陶瓷。至此，臺灣本地原住民之物質文化型態，已大不同於臺灣鐵器時代早期的面貌。

清代台灣進口的中國貿易陶瓷，仍以來自閩、粵窯場為主，而其中又以福建燒造青花瓷的數量最大。福建製品的質地雖然較差，但價格與運輸費用皆屬低廉，故始終為島內居民的主要瓷器消費類型。清代的臺灣，已逐漸成為福建、廣東窯業產品的大規模消費區，而這兩個中國東南沿海省份，正是臺灣早期移民的重要來源。

第五節　強權爭奪與民族性格塑造臺灣的角色

臺灣所見的十七世紀外來陶瓷，反映百年中臺灣歷史角色的轉變。十七世紀的臺灣是強者角逐的世紀，臺灣的居民與外界各方文明接觸，和各路強權周旋，且在一波一波的鉅變之中蛻變、成長。〔註5〕

一、漢民族開啟閩、臺間的交通貿易

明代嘉靖後期，歷經十餘年的倭亂大致平定，在閩南沿海商民對外貿易的迫切需求下，明朝政府開放了漳州月港，准販東、西二洋。民間海上貿易的合法化，使得當時被稱為「東番」的臺灣，開始被納入中國海商的亞洲貿易網絡中。十六世紀末至十七世紀初，由於中國商人來臺貿易日多，臺灣各地原住民番社與外界的接觸變得較為頻繁，頗有一定數量的中國陶瓷輸入臺灣，從而改變宋元以來島內進口陶瓷零星稀少的現象。

二、荷、鄭強權爭奪國際商業利益

1622 年荷人佔據澎湖，荷蘭東印度公司在中國沿海的轉口貿易架構逐漸形成，但是對晚明中國政府來說，澎湖是南方海防的最後防線，明朝遂以優勢武力將荷蘭人驅逐，荷蘭人被迫轉赴臺灣積極經營，開啟東印度公司對華

〔註4〕〔清〕周鍾瑄，《諸羅縣志》，卷八，〈風俗志〉「番俗」，南投：台灣省文獻委員會，1993 年，頁164。

〔註5〕陳信雄，《大員記事》，臺南：國立成功大學，2003 年，頁43。

陶瓷貿易的另一新階段，臺灣的歷史角色出現前所未有的轉變，成爲國際海上貿易的重要轉口港。以荷人在臺陶瓷轉口貿易爲例，其在一六三零年代以後，歷經了大約二十年的蓬勃發展，數以萬計的中國陶瓷，每年從臺灣轉口送至世界其他地區，爲荷蘭人帶來豐厚的利潤。

中、荷臺灣貿易的運作模式，大體上是由福建地方官僚鄭芝龍與荷蘭東印度公司的貿易體系所共同建構的。官方所許可的華籍商船，將大量中國貨物運抵臺灣，而荷蘭人則是在臺灣等待，並將其所收購貨物裝船運出，大量的江西景德鎭窯瓷器與福建漳州窯瓷器即透過此一貿易模式，從臺灣轉口銷往世界各地。到了十七世紀五十年代，荷蘭人與鄭成功在亞洲地區的貿易衝突逐漸升高，使得上述貿易方式無以爲繼，之後鄭成功在 1662 年驅逐荷蘭人收復臺灣，更代表了臺海轉口貿易的經營權，重新回歸到漢人手中。

十七世紀六十年代至八十年代，臺灣明鄭積極經營轉口貿易，而陶瓷貿易亦爲其經營項目之一，但所販售陶瓷之產地與轉運方式已出現明顯變化。由於中國沿海大規模海禁、遷界政策以及戰亂頻繁，嚴重影響中國貿易瓷對海外的輸出，故臺灣的明鄭海商集團，除了積極在沿海進行中國陶瓷走私貿易外，尚轉向日本等地尋求新的瓷器貨源，並透過其東亞海上航運網絡，將瓷貨轉口銷售至東南亞各地。

三、轉變爲兩岸貿易與漢民族農業生產

1683 年清朝領臺以後，臺灣陶瓷貿易模式再度發生變化，由於沿海港口的貿易開放政策，使得明代末期以來，臺灣做爲中國陶瓷轉口貿易點的功能完全消失。以距離臺灣最近的廈門港爲例；海禁開放後的廈門，成爲中國北方沿海各省產品與外國輸入貨物的海上貿易集散中心，此時臺灣從廈門進口的中國陶瓷，無異於其它輸入島內的民生物資，完全不具備轉口輸出的功能。臺、閩之間的兩岸貿易，逐步被納入廈門所屬的國內沿海貿易網絡中。

清朝治理下的臺灣，重新回歸漢民族的農業特質，稻米與蔗糖的生產與輸出，成爲了島內主要的民生經濟活動。另一方面，臺灣進口中國陶瓷的島內消費，也邁入下一個新階段。由於漢人移民的持續增多，原住民漢化程度逐漸加深，使得明鄭以來臺灣走向中國內地化的趨勢更加明顯，而臺灣南部所見清初陶瓷的地點增加，即代表新興聚落的開發與漢人逐步移往偏遠地區開墾。

第七章　參考書目

中文專書

1. 三上次男著，宋念慈譯，《陶磁路》，臺北：藝術家出版社，1980 年。

2. 上海博物館編，《上海博物館與英國巴特勒家族所藏　十七世紀景德鎮窯瓷器》，上海：上海書畫出版社，2005 年。

3. 方李莉，《景德鎮民窯》，北京：人民美術出版社，2002 年。

4. 中國陶瓷編輯委員會編，《景德鎮窯民間青花瓷器》，上海：上海人民美術出版社，1994 年。

5. 中國嘉德編，《中國嘉德四季拍賣會 明萬曆號、清迪沙如號海撈陶瓷》，北京：中國嘉德國際拍賣有限公司，2005 年。

6. 〔清〕王琛等修，《邵武府志》，臺北：成文出版社，1967 年。

7. 石萬壽，《台灣的拜壺民族》，臺北：臺員出版社，1990 年。

8. 包樂史（Leonard Blussè）著，庄國土、吳龍譯，《巴達維亞華人與中荷貿易》，南寧：廣西人民出版社，1997。

9. 〔清〕江日昇，《臺灣外記》，臺北：臺灣大通書局，1984 年。

10. 曲永建，《殘片映照的歷史——北京出土景德鎮瓷器探析》，北京：中國建材工業出版社，2002 年。

11. 朱伯謙主編，《龍泉窯青瓷》，臺北：藝術家出版社，1998 年。

12. 向達校注，《兩種海道針經》，北京：中華書局，2000 年。

13. 江樹生譯註，《熱蘭遮城日誌》，第一冊，臺南：臺南市政府，2000 年。

14. 江樹生譯註，《熱蘭遮城日誌》，第二冊，臺南：臺南市政府，2002 年。

15. 江樹生譯註，《熱蘭遮城日誌》，第三冊，臺南：臺南市政府，2003 年。

16. 〔元〕汪大淵，蘇繼廎校釋，《島夷志略校釋》，北京：中華書局，1981年。

17. 〔清〕余文儀，《重修臺灣府志》，臺北：臺灣大通書局，1984年。

18. 〔清〕佚名，《（康熙）安海志》，收於《中國地方志集成 鄉鎮志專輯》26，上海：上海書店，1992年

19. 李匡悌，《三舍暨社內遺址受相關水利工程影響範圍搶救考古發掘工作計劃期末報告》，台北：中央研究院歷史語言研究所，2005年。

20. 余家棟，《江西吉州窯》，廣州：嶺南出版社，2002年。

21. 〔明〕谷應泰，《明史記事本末》，臺北：世華出版社，1976年。

22. 〔明〕周元暐，《涇林續記》，北京：中華書局，1985年。

23. 〔清〕周亮工，《閩小記》，臺北：成文出版社，1975年。

24. 林葉強、游學華編，《朱明遺萃》，南京：南京博物院、香港：香港中文大學文物館，1996年。

25. 〔清〕林豪，《澎湖廳志》，第三冊，臺北：臺灣省文獻會，1993年。

26. 〔清〕周鍾瑄，《諸羅縣志》，南投：臺灣省文獻委員會，1993年。

27. 邱鴻霖，《宜蘭縣礁溪鄉淇武蘭遺址出土墓葬研究——埋葬行爲與文化變遷的觀察》，國立台灣大學人類學研究所碩士論文，2004年，未出版。

28. 〔清〕郁永河，《裨海紀遊》，南投：台灣省文獻委員會，1999年。

29. 威·伊·邦特庫（Willem Ysbrantsz Bontekoe）著，姚楠譯，《東印度航海記》，北京：中華書局，1982年。

30. 香港文化博物館編，《香港大埔碗窯青花瓷窯址——發掘與研究》，香港：香港文化博物館，2000年。

31. 〔明〕侯繼高，《全浙兵制考》，收於《四庫全書存目叢書：子部 兵家類》第31冊，臺南：莊嚴文化事業有限公司，1995年。

32. 〔明〕梁兆陽，《海澄縣志》，中央研究院傅斯年圖書館藏崇禎六年刊本。

33. 〔清〕唐英，《陶冶圖説》，北京：中國書店，1993年。

34. 翁佳音，《大台北地圖考釋》，臺北縣：臺北縣立文化中心，1998年。

35. 〔清〕夏琳，《閩海紀要》臺北：臺灣大通書局，1984年。

36. 〔清〕馬齊等纂修，《清實錄（五）聖祖仁宗實錄（二）》，北京：中華書局，1985年。

37. 〔明〕夏德儀輯，《明季荷蘭入侵據澎湖殘檔》，臺北；大通書局，1984年。

38. 〔清〕陳文達，《臺灣縣志》，臺中：臺省文獻會，1958年。

39. 陳正祥，《真臘風土記研究》，香港：香港中文大學，1975年。

40. 國立歷史博物館歷史考古小組，《十七世紀荷西時期北台灣歷史考古研究成果報告》，臺北：國立歷史博物館，2005 年。

41. 國立歷史博物館編輯委員會編，《國立歷史博物館典藏目錄文物篇（一）》，臺北：國立歷史博物館，1998 年

42. 國立歷史博物館編輯委員會編，《金門地區陶瓷史、城牆遺跡、喪葬習俗調查研究》，臺北：國立歷史博物館，2002 年。

43. 〔明〕陳全之，《蓬窗日錄》，收於筆記小說大觀，第 42 編第 4 冊，臺北：新興書局。

44. 陳有貝，《宜蘭縣礁溪鄉淇武蘭遺址搶救發掘始末簡報》，宜蘭：宜蘭縣文化局，2002 年。

45. 陳有貝、邱水金，《宜蘭縣礁溪鄉淇武蘭遺址第三階段資料整理計畫工作報告書》，委託單位：交通部台灣區國道新建工程局、台灣電力公司，執行單位：宜蘭縣政府文化局，2005 年。

46. 〔清〕張廷玉）等撰，《明史》，北京：新華書店，1974 年。

47. 〔明〕許孚遠，《敬和堂集》，中央圖書館影印日本內閣文庫藏本。

48. 陳宗仁，《雞籠山與淡水洋——東亞海域與臺灣早期研究 1400～1700》，臺北：聯經出版社，2005 年。

49. 陳建中、孫藝靈，《中國古代名瓷鑒賞大系　德化白瓷》，福州：福建美術出版社，2002 年．

50. 陳建材主編，《八閩掌故大全》，福州：福建教育出版社，1994 年。

51. 陳荊和編校，《大越史記全書（下）》，東京：東京大學東洋文化研究所附屬東洋學文獻センター，1986 年。

52. 陳信雄，《宋元海外發展史研究》，臺南：甲乙出版社，1992 年。

53. 陳信雄，《越窯在澎湖》，臺南：文山書局，1994 年。

54. 陳信雄，《澎湖宋元陶瓷初探》，中國文化大學史學研究所博士論文，1985 年。

55. 陳信雄，《陶瓷臺灣》，臺中：晨星出版社，2003 年。

56. 陳信雄編，《大員記事》，臺南：國立成功大學，2003 年。

57. 張炎，《鄭經鄭克塽紀事》，臺北：臺灣銀行經濟研究室，1966 年。

58. 郭堯齡，《魯王與金門》，金門：金門縣文獻委員會，1970 年。

59. 連照美主編，《人類學玻璃版影像選輯》，臺北：國立臺灣大學出版中心，1998 年。

60. 陳維鈞，《清水社口遺址緊急搶救發掘報告》，指導單位：臺中縣文化局，執行單位：中央研究院歷史語言研究所，2004 年。

61. 郭輝譯，村上直次郎原譯，《巴達維亞城日記》，第一冊，臺北：臺灣省

文獻會，1989 年。

62. 郭輝譯，村上直次郎原譯，《巴達維亞城日記》，第二冊，臺北：臺灣省文獻會，1989 年。

63. 連橫，《臺灣通史》，臺北：眾文圖書公司，1979 年。

64. 〔明〕張燮，謝方點校，《東西洋考》，北京：中華書局，2000 年。

65. 張耀錡，《平埔族社名對照表》，南投：臺灣省文獻委員會，1951 年。

66. 曾凡，《福建陶瓷考古概述》，福州：福建省地圖出版社，2001 年。

67. 黃士強，《圓山遺址中山三十三號道路試掘與評估》，臺北：國立臺灣大學人類學系，1991 年。

68. 黃士強、鍾亦興、鄭建文，《雲林縣麥寮鄉施厝寮遺址搶救發掘報告》，臺北：國立臺灣大學文學院人類學系執行研究，1997 年。

69. 程大學譯，村上直次郎原譯，《巴達維亞城日記》，臺北：眾文圖書公司，1991 年。〔清〕程廷濟總修，《浮梁縣志》「製陶部份」，收於李科友、吳存水點校整理，《古

70. 瓷鑑定指南（二編）》，北京：北京燕山出版社，1993 年，頁 191～237。

71. 〔清〕黃叔璥，《臺海使槎錄》，南投：臺灣省文獻會，1999 年。

72. 黃典權，《鄭成功復台三百年史畫》，臺北：中華文化出版事業社，1961 年。

73. 黃典權，《蔣鳳墓誌銘研究》，臺北：中華叢書編審委員會，1968 年。

74. 程紹剛，《荷蘭人在福爾摩沙》，臺北：聯經出版社，2000 年。

75. 傅朝卿、劉益昌等，《第一級古蹟台灣城殘跡（原熱蘭遮城）城址初步研究計畫成果報告書》，臺南：臺南市政府，2003 年。

76. 黃翠梅、李匡悌、蘇一志，《臺南縣歸仁鄉歸仁窯遺址學術調查與研究計畫》，委託單位：臺南縣政府文化局，執行單位：國立臺南藝術學院，2003 年

77. 黃彰健校勘，《明實錄》，臺北：中央研究院歷史語言研究所，1962 年。

78. 童春發，《臺灣原住民史 排灣族史篇》，南投：臺灣省文獻委員會，2001 年。

79. 葉神保，《排灣族 caqovoqovolj（內文社）社群遷徙與族群關係的探討》，國立東華大學族群關係與文化研究所碩士論文（未刊搞），2002 年。

80. 游學華等，《江西元明青花瓷》，江西：江西省博物館；香港：香港中文大學博物館，2002 年。

81. 〔清〕楊英，《從征實錄》，南投：臺灣省文獻委員會，1995 年。

82. 福建省博物館，《漳州窯》，福州：福建人民出版社，1997 年。

83. 詹素娟、劉益昌，《大臺北都會區 原住民歷史專輯》，臺北：臺北市文獻

委員會，1999 年。

84. 碗礁一號水下考古隊編著，《東海平潭碗礁一號出水瓷器》，北京：科學
出版社，2006 年。

85. 〔宋〕趙汝适，馮承鈞校注，《諸蕃志校注》，臺北：臺灣商務印書館，1986
年。

86. 漢聲文化事業有限公司編，《十七世紀荷蘭人繪製的台灣老地圖》（圖版
篇），臺北：漢聲文化事業有限公司，1997 年。

87. 臺灣銀行經濟研究室編，《十七世紀臺灣英國貿易史料》，臺北：臺灣銀
行，1959 年。

88. 臺灣銀行經濟研究室編，《明實錄閩海關係史料》，臺北：臺灣銀行，1971
年。

89. 臺灣銀行經濟研究室編，《鄭氏史料續編》，南投：臺灣省文獻會，1995
年。

90. 鄭永常，《來自海洋的挑戰——明代海貿政策演變研究》，臺北：稻鄉出
版社，2004 年。

91. 〔清〕劉良璧，《重修福建臺灣府志》，臺北：臺灣大通書局，1984 年。

92. 潘英，《臺灣平埔族史》，臺北：南天書局，1996 年。

93. 劉益昌，《臺灣的史前文化與遺址》，南投：臺灣省文獻委員會、臺灣史
跡源流文獻會，1996 年。

94. 劉益昌，《臺北縣北海岸地區考古遺址調查報告》，臺北：臺北縣立文化
中心，1997 年。

95. 劉益昌、陳光祖，《第一級古蹟大坌坑遺址調查研究報告》，執行單位：
中央研究院歷史語言研究所，執行單位：臺北縣政府文化局，2001 年。

96. 劉益昌、劉瑩三，《舊麻豆港水堀頭遺址文化公園區探勘復原計畫》，委
託單位：臺南縣政府，研究單位：臺灣打里摺文化協會，2005 年。

97. 劉益昌、謝明良，《熱蘭遮城博物館（現永漢文物館）調查修復規劃案—
—熱蘭遮城考古遺址出土文物研究與展示構想計畫》，執行單位：臺南市
政府，研究單位：財團法人成大研究發展基金會，2005 年。

98. 臧振華、李匡悌、朱正宜，《台南科學園區道爺遺址未劃入保存區部份搶
救考古計劃期末報告》，臺北：中央研究院歷史語言研究所，2004 年。

99. 謝明良，《貿易陶瓷與文化》，臺北：允晨文化，2005 年。

100. 〔清〕謝金鑾，《續修台灣府志》，臺北：臺灣大通書局，1984 年。

101. 簡榮聰，《臺灣海撈文物》，南投：台灣省文獻會，1994 年。

102. 〔清〕顧炎武，《天下郡國利病書》，第十冊（原編第二十六冊）「福建」，
臺北：臺灣商務印書館，1966 年。

中文期刊與論文

1. 王文徑，〈漳浦出土的明清瓷器〉，《福建文博》，2001 年 1 期，頁 56～58。

2. 中村孝志，〈荷蘭人對臺灣原住民的教化〉，收於吳密察、翁佳音、許賢瑤編，《荷蘭時代台灣史研究（下卷）社會、文化》，臺北：稻鄉出版社，2002 年，頁 103～133。

3. 方眞眞，〈明鄭時代臺灣與菲律賓的貿易關係──以馬尼拉海關記錄爲中心〉，《臺灣文獻》，五十四卷第三期，2003，頁 59～108。

4. 白琨，〈晚明至清乾隆時期景德鎮外銷瓷研究〉，《福建文博》，No.1，1995，頁 27～35。

5. 包樂史（Leonard Blussè），〈明末澎湖史事探討〉，《臺灣文獻》，24 卷 3 期，1973 年，頁 49～52。

6. 包樂史（Leonard Blussè），〈中國夢魘──一次撤退，兩次戰敗〉，劉序楓主編，《中國海洋發展史論文集》第九輯，台北：中研院人社中心，2005 年，頁 139～167。

7. 包樂史（Leonard Blussè），〈與古人的另類對話──談荷蘭佔據澎湖列島與荷蘭第一次屯墾史事的眞相與迷思〉，《荷蘭時期臺灣圖像國際研討會》，臺南：國立臺灣歷史博物館籌備處，頁 36～64。

8. 永積洋子著，劉序楓譯，〈從荷蘭史料看十七世紀的臺灣貿易〉收於湯熙勇主編，《中國海洋發展史論文集》第七輯，臺北：中央研究院人文社會科學研究中心，1999 年，頁 37～57。

9. 江西廣昌縣博物館，〈明代布政使吳念虛夫婦合葬墓清理簡報〉，《文物》，1993 年 2 期，頁 77～82。

10. 全漢昇，〈再論十七八世紀的中荷貿易〉，《中央研究院歷史語言研究所集刊》，第六十三本第一分，1993 年，頁 33～66。

11. 朱鋒，〈台灣的明墓雜考〉，《臺南文化》，第三卷第二期，1953 年，頁 44～55。

12. 朱德蘭，〈清初遷界令時明鄭商船之研究〉，《史聯雜誌》，第七期，1985 年，頁 18～41。

13. 朱德蘭，〈清康熙年間臺灣長崎貿易與國內商品流通關係〉，《東海大學歷史學報》，第九期，1988 年，頁 55～72。

14. 村上直次郎著，許賢瑤譯，〈澎湖島上的荷蘭人〉，收於《荷蘭時代臺灣史論文集》，宜蘭：佛光人文社會學院，2001 年，頁 1～21。

15. 李壬癸，〈臺灣北部平埔族的種類及其互動關係〉，收於潘英海、詹素娟主編《平埔研究論文集》，臺北：中央研究院台灣史研究所籌備處，1995 年，頁 21～40。

16. 李匡悌、盧泰康、朱正宜、臧振華，〈試論臺南地區出土的十七世紀日本

肥前青花瓷〉，《2005 年臺灣考古工作會報》，主辦單位：國立臺灣史前文化博物館，2006 年，頁 10-1～10-17。

17. 何志國、許蓉胥、澤蓉，〈綿羊市紅星街出土明代窖藏〉，《四川文物》，1990 年 1 期，頁 35～40。

18. 何紀生、彭如策、邱立誠，〈廣東饒平九村青花窯址調查記〉，《中國古代窯址調查發掘報告集》，北京：文物出版社，1984 年，頁 155～161。

19. 李建軍，〈福建三明窖藏青花瓷考述〉，《中國古陶瓷研究》，第五輯，北京：紫禁城出版社，1999 年 11 月，頁 81～97。

20. 李景全，〈寧靖王古墓的傳說〉，《高雄文獻》，第十期，1991 年 10 月，頁 63～68。

21. 李毓中，〈西班牙殖民臺灣時期的史料：聖薩爾瓦多城的財務報告〉，《臺灣史料研究》，No. 14，1999 年 12 月，頁 119～146。

22. 李德霞，〈17 世紀初荷蘭在福建沿海的騷擾與通商〉，《海交史研究》，2004 年 1 期，頁 59～69。

23. 岩生成一著，許賢瑤譯，〈在臺灣的日本人〉，收於《荷蘭時代臺灣史論文集》，宜蘭：佛光人文社會學院，2001 年，頁 155～185。

24. 林金榮，〈金門地區早期使用的陶瓷器文化探源〉，《金門地區傳統藝術研討會論文集》，臺北：國立傳統藝術中心籌備處，1999 年，頁 237～262。

25. 林偉盛，〈荷蘭人據澎湖始末〉，《國立政治大學歷史學報》，第 16 期，頁 1～45。

26. 林偉盛，〈荷據時期臺灣的國際貿易——以生絲貿易為主〉，《第五屆「中國近代文化的解構與重建」學術研討會論文集【鄭成功與劉銘傳】》，2003 年，頁 225～244。

27. 林偉盛譯，〈雷理生司令官日誌〉，《臺灣文獻》，54 卷 3 期，2003 年，頁 139～187。

28. 林偉盛譯，〈雷理生司令官日誌〉，《臺灣文獻》，54 卷 4 期，2003 年，頁 241～282。

29. 林會承，〈台灣的荷西殖民建築〉，《八十八年冬令台灣史蹟研習會講議彙編》，1999 年，頁 399～409。

30. 胡月涵（Johannes Huber）著，吳玫譯，〈十七世紀五十年代鄭成功與荷蘭東印度公司之間往來的函件〉，《鄭成功研究國際學術會議論文集》，南昌：江西人民出版社，1989 年，頁 292～317。

31. 莊申，〈國立歷史博物館所藏金門出土明瓷述略〉，《教育與文化》，第二十二卷三、四期，1959 年 11 月，頁 26～28。

32. 翁佳音，〈十七世紀的福佬海商〉，收於湯熙勇主編，《中國海洋發展史論文集》第七輯，臺北：中央研究院人文社會科學研究中心，1999 年，頁

59～92。

33. 翁佳音,〈近代初期北部臺灣的商業交易與原住民〉,《臺灣商業傳統論文集》,臺北:中央研究院臺灣史研究所籌備處,1999 年,頁 45～80。

34. 栗建安,〈東溪窯調查紀略〉,《福建文博》,1993 年 1～2 期,頁 138～150。

35. 栗建安,〈德化甲杯山明代窯址的發掘與研究〉,《福建文博》,2004 年 4 期,頁 26～32。

36. 高建、李和安,〈以明墓出土器談平和窯燒製年代〉,《中國古陶瓷研究》,第五輯,北京:紫禁城出版社,1999 年,頁 230～240。

37. 浦廉一著,賴永祥譯,〈清初遷界令考〉,《臺灣風物》,第 21 卷 2 期,1971 年,頁 151～180。

38. 曹永和,〈從荷蘭文獻談鄭成功之研究〉,收於《臺灣早期歷史研究》,臺北:聯經出版社,1979 年,頁 369～397。

39. 曹永和,〈澎湖之紅毛城與天啓明城〉,《澎湖開拓史學術研討會實錄》,澎湖:澎湖縣立文化中心,1989 年,頁 133～154。

40. 曹永和,〈十七世紀作爲東亞轉運站的臺灣〉,收於《福爾摩沙——十七世紀的臺灣、荷蘭與東亞》,臺北:國立故宮博物院,2003,頁 14～32。

41. 陳立群,〈東山島冬古沉船遺址初探〉,《福建文博》,第 39 期,2001 年,頁 33～39。

42. 陳有貝、李貞瑩,〈淇武蘭遺址出土近代瓷器簡介〉,《田野考古》,九卷一、二期,2004 年,頁 35～51。

43. 陳光祖,〈從歷史文獻看台灣早期的「考古」發現〉,《田野考古》,第六卷,1998 年,頁 13～66。

44. 陳光祖,〈臺灣地區出土瓷器現況——臺灣出土瓷器研究的幾個面向——〉,《田野考古》,九卷一、二期,2004 年,頁 137～165。

45. 許明綱,〈大連市發現的明代窖藏青花瓷器〉,《遼海文物學刊》,1987 年 1 期,頁 67～71。

46. 曹建文,〈近年來景德鎮窯址發現的克拉克瓷器〉,《中國古陶瓷研究》第十輯,北京:紫禁城出版社,2004 年,頁 141～149。

47. 曹建文、羅易扉,〈克拉克瓷器在景德鎮窯址的發現〉,《文物天地》,2004 年 12 期,頁 41～45。

48. 陳建中,〈泉州的陶瓷貿易與東西文化互動:以德化窯外銷瓷爲例〉,《海交史研究》,2004 年 1 期,頁 94～104。

49. 陳荊和,〈十七世紀之暹邏對外貿易與華僑〉,收於《中泰文化論集》,臺北:中華文化事業委員會,1958 年,頁 147～187。

50. 陳荊和,〈清初華舶之長崎貿易及日南航運〉,《南洋學報》,第十三卷第

一輯，1957 年，頁 2657～2780。

51. 陳荊和，〈十、七八世紀會安唐人街即其商業〉，《新亞學報》，三卷一期，1957 年，頁 273～332。

52. 陳荊和，〈十七世紀之暹邏對外貿易與華僑〉，收於《中泰文化論集》，臺北：中華文化出版事業委員會，1958 年，頁 147～187。

53. 陳信雄，〈從宋硐到葉王陶——由陶瓷看臺灣〉，《臺北文獻》，第 38 期，1979 年，頁 331～339。

54. 陳信雄，〈臺灣陶瓷小史〉，《華岡博物館館刊》，No. 6，1983 年，頁 33～43。

55. 陳信雄，〈試論漢族來到臺澎之年代、歷程與因素〉，《中國現代史專題研究報告》第二十二輯，中華民國史料研究中心，2001 年，（抽印本）。

56. 陳信雄，〈安平壺——漢族開台起始的標誌〉，《歷史月刊》，146 期，2000 年，頁 4～15。

57. 陳信雄，〈臺澎出土中國陶瓷的歷史學應用〉，《田野考古》，九卷一、二期，2004 年，頁 81～88。

58. 曾品滄，〈從番社到漢庄——十七至十九世紀麻豆地域的拓墾與市街發展〉，收於林玉茹、劉益昌，《水堀頭遺址探勘試掘暨舊麻豆港歷史調查研究報告》，第貳章，文化建設委員會、臺南縣政府文化局委託，2003 年，頁 101～102。

59. 張菼，〈鄭成功的五商〉，《臺灣文獻》，第 36 卷第 2 期，1988 年，頁 15～33。

60. 許清保，〈尋訪南瀛十五街〉，《南瀛文獻》，第二輯，2003，頁 254～265。

61. 陳國棟，〈轉運與出口：荷據時期貿易與產業〉，收於《福爾摩沙——十七世紀的臺灣、荷蘭與東亞》，臺北：國立故宮博物院，2003，頁 54～74。

62. 陳國棟，〈安平壺與三燒酒〉，《臺灣文獻別冊》，第 8 期，2004 年，頁 2～9。

63. 陳國棟，〈清代前期（1644～1842）海洋貿易的形成〉，收於《東亞海域一千年》，臺北：遠流出版社，2005 年，頁 257～286。

64. 陳第（明），〈東番記〉，收於崇禎二年本《閩海贈言》，引自方豪，〈陳第東番記考證〉，《國立臺灣大學文史哲學報》，第七期，1956 年，頁 49～76。

65. 陳萬里，〈宋末——清初中國對外貿易中的瓷器〉，收於，《陳萬里陶瓷考古文集》，北京：紫禁城出版社、兩木出版社，1990 年，頁 188～192。

66. 康培德，〈荷蘭時代蘭陽平原的聚落與地區互動〉，《台灣文獻》，第五十二卷第四期，2001 年，頁 218～253。

67. 郭蘊靜，〈清初海禁與對外關係〉，《第二屆明清史國際學術討論會論文集》，天津：天津人民出版社，頁 378～385。

68. 葉文程，〈在馬來西亞見到的一些漳州窯瓷器〉，《福建文博》，2000 年 2 期，頁 78～83。

69. 傅宋良、王上，〈邵武四都青雲窯址調查簡報〉，《福建文博》，1988 年 1 期，19～22。

70. 黃清淵，〈茅港尾紀略〉，《南瀛文獻》，第一卷第二期，1953 年，頁 36～38。

71. 葉清琳，〈安溪青花瓷器的初步研究〉，收於 Ho Chuimei ed., Ancient Ceramic Kiln Technology in Asia（Hong Kong: Center of Asian Studies, University of Hong Kong, 1990,）pp.79-83.

72. 彭維斌，〈試析平和窯青花繪畫題材〉，收於廈門市博物館編，《閩南古陶瓷研究》，福州：福建美術出版社，頁 175～181。

73. 曾廣億，〈廣東明代仿龍泉窯青瓷初探〉，收於 Ho Chuimei ed., Ancient Ceramic Kiln Technology in Asia（Hong Kong: Center of Asian Studies, University of Hong Kong, 1990,）pp.30-42.

74. 彭縣文化館，〈四川省彭縣南街醬園廠出土窖藏青花瓷器〉，《文物》，1978 年 3 期，頁 91～92。

75. 楊少祥，〈廣東青花瓷初探〉，收於 Ho Chuimei ed., Ancient Ceramic Kiln technology in Asia（Hong Kong: Center of Asian Studies, University of Hong Kong, 1990,）pp.1-12.

76. 楊彥杰，〈1650 年～1662 年鄭成功海外貿易的貿易額和利潤估算〉，《福建論壇》，1982 年 4 期，頁 80～88。

77. 福建省博物館，〈福建平和縣南勝田坑窯發掘報告〉，《福建文博》，1998 年 1 期。

78. 福建省博物館考古部、平和縣博物館，〈平和縣明末清初青花瓷窯址調查〉，《福建文博》，1993 年 1、2 期，頁 162～167。

79. 福建省博物館考古部、平和縣博物館，〈福建平和縣南勝五寨古窯址 1993 年度調查簡報〉，《福建文博》，1995 年 1 期，頁 74～82。

80. 蔡玟芬，〈港埠的工藝：關於明末清初漳州工藝品二三事〉，收於劉序楓主編，《中國海洋發展史論文集》第九輯，臺北：中央研究院人文社會科學研究中心，2005 年，頁 75～76。

81. 鄭州市博物館，〈鄭州古滎發現一批窖藏青花瓷器〉，《中原文物》，1983 年 3 期，頁 112～114。

82. 劉益昌，〈臺灣歷史考古概論〉，《熱蘭城考古試掘計畫通訊月刊》，第 1 期，2003 年 7 月號，頁 12～20。

83. 劉益昌、王淑津，〈2005 年熱蘭遮城遺址出土的十七世紀肥前陶瓷〉，《熱蘭城考古試掘計畫通訊月刊》，第 13 期，2005 年 10 月號，頁 14～21。

84. 劉益昌、顏廷伃，〈雷厝遺址發掘報告〉，《田野考古》，八卷一、二期，2004 年，頁 95～122。

85. 臧振華，〈考古學與臺灣史〉，《中國考古學與歷史學之整合研究 下冊》，臺北：中央研究院歷史語言研究所，1997 年，頁 721～742。

86. 臧振華、高有德、劉益昌，〈左營清代鳳山縣舊城聚落的試掘〉，《中央研究院歷史語言研究所集刊》，第六十四本第三分，1993 年，頁 763～865。

87. 鄭瑞明，〈臺灣明鄭與東南亞之貿易關係初探——發展東南亞貿易之動機、實務及外商之前來〉，《國立台灣師範大學歷史學報》，第十四期，1986 年，頁 57～108。

88. 鄭瑞明，〈日本古籍《華夷變態》的東南亞華人史料〉，《海外華人研究》，第二期，1992 年，頁 123～147。

89. 賴永祥，〈鄭英通商略史〉，《臺灣風物》，第 4 卷第 4 期，1954 年，頁 13～26。

90. 錢江，〈1570～1760 年中國和呂宋貿易的發展及貿易額的估算〉，《中國社會經濟史研究》，1986 年 3 期，頁 69～78。

91. 錢江，〈十七至十九世紀初越南沿海的中國帆船貿易〉，收於劉序楓主編，《中國海洋發展史論文集》第九輯，臺北：中央研究院人文社會科學研究中心，2005 年，頁 291～329。

92. 盧泰康，〈宋元陶瓷篦紋裝飾研究——兼論臺澎地區發現的篦紋陶瓷〉《陳昌蔚紀念論文集》，財團法人陳昌蔚文教基金會，2001 年。

93. 盧泰康，〈澎湖風櫃尾荷據時期陶瓷遺物之考證〉，《故宮文物月刊》，第 221 期， 2001 年，頁 120～123。

94. 盧泰康，〈海外遺留的明初陶瓷與鄭和下西洋之關係〉，《鄭和下西洋研討會論文集》，臺南：國立成功大學歷史系，2002 年，頁 219～257。

95. 盧泰康，〈澎湖風櫃尾出土的貿易陶瓷〉，《田野考古》，九卷一、二期，2004 年，頁 89～97。

96. 盧嘉興，〈臺南縣古地名考〉，《南瀛文獻》，第六卷，1959 年，頁 1～20。

97. 薛翹、劉勁峰，〈明末清初景德鎮陶瓷外銷路線的變遷與福建平和縣窯址的發現〉，《福建文博》，No.1，1995 年，頁 22～26。

98. 謝明良，〈安平壺芻議〉，《國立台灣大學美術史研究集刊》，第二期，1995 年，頁 75～105。

99. 謝明良，〈左營清代鳳山縣就成聚落出土陶瓷補記〉，《台灣史研究》，第三卷第一期，1997 年，頁 229～244。

100. 謝明良，〈陶瓷所見十七世紀的福爾摩沙〉，《故宮文物月刊》，第 21 卷 2

期，2003 年，頁 24～39。

101. 謝明良，〈介紹幾件熱蘭遮城遺址出土的十七世紀歐洲與日本瓷器〉，《熱蘭遮城考古計畫通訊月刊》，2003 年，第四期，頁 3～7。

102. 謝明良、劉益昌、顏廷仔、王淑津，〈熱蘭遮城考古發掘的出土遺物及其意義〉，《熱蘭遮城考古計畫通訊月刊》，2003 年，第六期，頁 25～34。

103. 戴寶村，〈打狗的地理環境與歷史發展〉，《高雄歷史與文化論集》，高雄：財團法人陳中和翁慈善基金會，1994 年，頁 61～97。

104. 顏廷仔、劉益昌，〈從雷厝遺址出土的釉上彩瓷器討論其相關問題〉，《田野考古》，九卷一、二期，2004 年，頁 99～112。

日文專書

1. 三上次男，《陶瓷貿易史研究 上》，東京：中央公論美術出版，1987 年。

2. 大分市教育委員會，《大友府內 6 中世大友府內町跡第十四次發掘報告書》，九州大分市：大分市教育委員會，2003 年。

3. 大橋康二，《「海を渡った肥前のやきもの」展》，佐賀縣：佐賀縣立九州陶磁文化館，1990 年。

4. 日本靜嘉堂文庫美術館編集，《靜嘉堂藏吳州赤繪名品圖錄》，東京：靜嘉堂文庫美術館，1997 年。

5. 平戶市文化協會，《平戶荷蘭商館跡の發掘Ⅲ 鄭成功居宅跡の發掘》，平戶市文化協會，1994 年。

6. 出光美術館，《ルクロードの宝物 草原の道・海の道》，東京：出光美術館，2001 年。

7. 広島縣立歷史博物館，《瀨戶內の中國陶磁》，広島：広島縣立歷史博物館友の会，1991 年。

8. 西田弘子、出川哲朗，《中國の陶磁 第十卷 明末清初の民窯》，東京：平凡社，1997 年。

9. 村上伸之、野上建紀編著，《幸平遺跡——佐賀縣西松浦郡有田町幸平二丁目 1521・1522 番地の調查》，佐賀縣：有田町教育委員會，2002 年。

10. 村上伸之、野上建紀編著，《有田の古窯——町內古窯跡詳細分布調查報告書 第 11 集》，佐賀縣：有田町教育委員會，1998 年。

11. 坂井隆，《港市國家バンテンと陶磁貿易》，東京：同成社，2002 年。

12. 沖繩縣立博物館，《沖繩出土の中國陶磁——ジョージ・H・ケア氏調查收集資料——》，沖繩：沖繩縣立博物館，1983 年。

13. 松浦章，《清代海外貿易史の研究》，京都：朋友書店，2002 年。

14. 長崎市教育委員會，《出島荷蘭商館跡——範圍確認調查報告書》，長崎：

長崎市教育委員會，1986 年。

15. 長崎市教育委員會，《出島荷蘭商館跡——道路及びカピタン別莊跡發掘調查報告書——》，長崎：長崎市教育委員會，2002 年。

16. 根津美術館，《知られざる唐津——二彩・單色釉・三島手——》，東京：根津美術館，2002 年。

17. 茶道資料館編，《特別展「交趾香盒——福建省出土遺物と日本の傳世品」》，京都：茶道資料館，1998。

18. 茶道資料館編，《わび茶が伝えた名器　東南アジアの茶道具》，京都：茶道資料館，2002 年。

19. 財團法人富山佐藤美術館編，《フィリピンにわたっだ燒きもの——青磁と白磁を中心に——》，山口縣立荻美術館、蒲上紀念館，1999 年。

20. 國分直一，《壺を祀る村——台湾民族誌》，東京：法政大學出版局，1981 年。

21. 菊池誠一編，《ベトナム日本町ホイアンの考古學調查》，昭和女子大學國際文化研究紀要，Vol. 4，1997 年。

22. 渋谷區立松濤美術館編集，《特別展　台湾高砂族の服飾——瀬川コレクション——》，東京：渋谷區立松濤美術館，1983 年。

23. 鈴木秀夫編，《台湾蕃界展望》，臺灣總督府理蕃科：理蕃之友發行所，1935 年。

24. 愛知縣陶磁資料館編，《近世城館跡出土の陶磁》，愛知縣：愛知縣陶磁資料館，1970 年。

25. 楢崎彰一編，《近世城館跡出土の陶磁》，愛知縣陶磁資料館，1984 年。

26. 榎一雄編，《華夷變態》，東京：東方書店，1981 年。

27. 臺南文化三百年紀念會編，《臺灣史料集成》，臺南：臺南市役所内臺南文化三百年紀念會，1931 年。

28. 靜嘉堂文庫美術館編，《靜嘉堂藏吳州赤繪名品圖錄》，東京：靜嘉堂文庫美術館，1997 年。

29. 鎌倉芳太郎，〈琉球南海諸國交涉史料〉，《沖繩　セレベス發掘古陶磁》，東京：國書刊行會，1976 年。

日文期刊與論文

1. 川口洋平，〈產地不明の貿易陶磁——対馬・壹岐・長崎——〉，《貿易陶磁研究》，No. 23，2003 年，頁 58～69。

2. 三上次男，〈パサリカン遺跡出土の貿易陶瓷〉，《貿易陶磁研究》，No. 2，1982 年，頁 111～125。

3. 小川光彥、宮城弘樹、宮田繪津子、森隆、森本朝子、フィリピン国立博物館考古部,〈フィリピン・サンイシドロ沉船の陶磁器〉,《貿易陶磁研究》,No. 21,2001 年,頁 90～105。

4. 上田秀夫,〈14～16 世紀の青磁椀の分類〉,《貿易陶磁研究》,No. 2,1982年,頁 55～70。

5. 上東克彥,〈鹿児島縣薩摩半島に傳世された華南三彩——クンディと果実形水注——〉,《貿易陶磁研究》,Vol. 24,2004 年,頁 171～173。

6. 小葉田淳,〈明代漳泉商人の海外通商發展——特に海澄の餉稅制と日明貿易に就いて——〉,《東亞論叢》四,東京：文求堂書店,1941 年,頁123～169。

7. 大橋康二,〈鹿兒島縣吹上浜採集の陶磁片〉,《三上次男博士喜寿記念論文集》陶磁編,東京：平凡社,1985 年,頁 275～291。

8. 大橋康二、坂井隆,〈インドネシア・バンテン遺跡出土の陶磁器〉,《国立歷史民俗博物館研究報告》,No. 82,1999 年,頁 47～83。

9. 石井米雄,〈交易時代のアユタヤ〉,《東洋陶磁》,No. 23-24,1993、94-95年,頁 39～44。

10. 田中克己,〈鄭氏台灣地圖〉,《和田博士還曆紀念東洋史論叢》,東京：大日本雄辯會講談社,1951 年,頁 407～422。

11. 田中和彥,〈ルソン島中部墓地遺跡出土の交易陶磁器と土器——15 世紀後半から 16 世紀前半の南部タカログ地方の樣相——〉,《貿易陶磁研究》,No. 13,1993 年,頁 65～85。

12. 田中和彥,〈フィリピンの沉船遺跡と出土土器——15 世紀中葉から 16世紀末の資料を中心に——〉,《水中考古學研究》,No. 1,2005 年,頁17～53。

13. 古泉弘,〈近世都市江戶の成立期における出土陶磁器〉,《貿易陶磁研究》,1987 年,No.7,頁 35～40。

14. 向井亘,〈タイ黑褐釉四耳壺の分類と年代〉,《貿易陶磁研究》,No. 23,2003 年,頁 90～105。

15. 西田宏子,〈南蛮・島物　南海請來の茶陶〉,《東洋陶磁》,Vol. 23、24,1993、94～95 年,頁 15～38。

16. 安里嗣淳,菊池誠一,金武正紀,手塚直樹,〈ベトナム陶磁調查紀行〉,《史料編輯室紀要》,No.23,1988 年,頁 143～166。

17. 伊藤寿夫、岡村涉,〈駿府城跡三ノ丸 SX01 出土の輸入磁器について———「元和三年二月二十『日』」刻銘木製品に伴う——〉,《貿易陶磁研究》,No. 10,1990 年,頁 133～142。

18. 村上勇,〈「寬永 21 年」銘木札を伴う陶磁——富田川河床遺跡'81IP 区

SB020——〉,《貿易陶磁研究》,No. 6,1986 年,頁 61〜66。

19. 佐久間重男,〈清代前期の景德鎮窯業〉,《東洋陶磁》,Vol. 28,1998〜99 年,頁 43〜58。

20. 坂井隆,〈台湾のイマリ——十七世紀後半の交易拠点〉,《陶説》,第 533 号,1997 年,頁 24〜36。

21. 坂井隆,〈肥前陶磁の輸出と鄭氏・バンテン王国〉,《東南アジア歴史と文化》,No. 22,1993 年,頁 67〜91。

22. 坂井隆,〈安平壺貿易——17 世紀の東南アジア貿易ノート一〉,《東南アジア考古學》,No. 15,1995 年,頁 104〜117。

23. 坂井隆,〈東南アジア群島部の陶磁器消費者〉,《国立歴史民俗博物館研究報告》,No. 94,2002 年,頁 159〜249。

24. 坂井隆,〈肥前磁器（伊萬里）の發展と 17 世紀後半のアジア陶磁貿易出土資料〉,《田野考古》,九卷一、二期,2004 年,頁 1〜18。

25. 岩生成一,〈近世日支貿易に関する数量的考察〉,《史學雜誌》,Vol. 62,No. 10,1953 年,頁 981〜1020。

26. 松尾信裕,〈近世城下町遺跡出土の漳州窯系陶瓷器〉,《明末清初福建沿海貿易陶瓷的研究——漳州窯出土陶青花、赤繪瓷與日本出土中國外SWATO》 論文集,1994 年,頁 59〜63。

27. 金武正紀,〈沖縄の中国陶磁器〉,《考古學ジャ——ナル》,No.320,1990 年,頁 2〜6。

28. 金武正紀,〈沖縄出土の貿易陶磁器〉,《考古學ジャ——ナル》,No.427,1998 年,頁 5〜8。

29. 金城亀信,〈首里城京の内跡土礦 SK01——青瓷、青花、タイ陶器〉,《考古學》 季刊,第 75 號,頁 60〜61。

30. 宮本延人,〈臺灣原始土器の信仰に就て〉,《南方土俗》,第二卷第三號,1933 年,頁 1〜11。

31. 扇浦正義,〈出島〉,《考古學ジャ——ナル》,No. 430,1998 年,頁 3〜8。

32. 扇浦正義,〈出島〉,《考古學ジャ——ナル》,No. 455,2000 年,頁 17〜20。

33. 野上建紀、Alfredo B. Orogo、田中和彦、洪曉純,〈マニラ出土的肥前磁器〉,《金大考古》,No. 48,2005 年,頁 1〜5。

34. 野上建紀、Alfredo B. Orogo、Nida T. Cuevas、田中和彦,〈イントラムロス出土陶磁器調査報告（摘要）〉,《金大考古》,No. 51,2005 年,頁 5〜9。

35. 野上建紀、李匡悌、盧泰康、洪曉純，〈台南出土の肥前磁器——17 世紀における海上交易に関する考察——〉，《金大考古》，No. 48，2005 年，頁 6～10。

36. 國分直一，〈覺え書（二）〉，《民俗臺灣》，第三十九號，1944 年，頁 12～16。

37. 堀內明博，〈洛中出土の明末陶磁〉，《明末清初福建沿海貿易陶瓷的研究——漳州窯出土陶青花、赤繪瓷與日本出土中國外 SWATO》論文集，1994 年，頁 64～88。

38. 堀內秀樹，〈東京都江戸遺跡出土の明末清初の陶磁器——東京大學本鄉構内の遺跡出土遺物を中心に——〉，《貿易陶磁研究》，No. 11，1991 年，頁 185～200。

39. 堀內秀樹，〈江戸遺跡出土の漳州窯系陶磁器〉，《明末清初福建沿海貿易陶瓷的研究——漳州窯出土陶青花、赤繪瓷與日本出土中國外 SWATO》論文集，1994 年，頁 89～102。

40. 野田芳正，〈堺環濠都市遺跡出土の漳州窯系陶磁器〉，《明末清初福建沿海貿易陶瓷的研究——漳州窯出土陶青花、赤繪瓷與日本出土中國外 SWATO》論文集，1994 年，頁 54～58。

41. 陳信雄，〈安平壺——東南アジアで多出する 17 世紀の灰白色釉磁器壺〉，《東南アジア考古學》，No.22，2002 年，頁 107～127。

42. 森本朝子，〈日本出土のベトナムの陶磁とその產地〉，《東洋陶磁》，1993～94 年、1995 年，Vol. 23～24，頁 45～64。

43. 森本朝子，〈ベトナム陶磁研究の現狀——近年の古窯址發掘の成果を中心に〉，收於《東南アジアの茶道具》，京都：茶道資料館，2002 年，頁 177～191。

44. 森村建一，〈福建省漳州窯陶瓷器の編年〉，《明末清初福建沿海貿易陶瓷的研究——漳州窯出土陶青花、赤繪瓷與日本出土中國外 SWATO》論文集，1994 年，頁 131～137。

45. 森村建一，〈堺環濠都市遺跡における中近世陶磁器余錄〉，《東洋陶磁》，Vol. 19，1989～1992 年，頁 47～63。

46. 森村建一，〈16～17 世紀初頭の堺環濠都市遺址出土のタイ四耳壺——タイでの窯跡・沉沒船出土例——〉，《貿易陶磁研究》，No. 9，1989 年，頁 134～151。

47. 森村建一，〈日本における遺跡出土のタイ陶磁器〉，《東洋陶磁》，No. 23～24，1993、94～95 年，頁 65～82。

48. 森村建一，〈15～17 世紀における東南アジア陶磁器からみた陶磁の日本文化史：堺環濠都市遺跡出土遺物を中心として〉，《国立歴史民俗博

物館研究報告》，第 94 集，2002 年，頁 251～296。

49. 森村建一，〈15 世紀代的タイ・ノイ川窯系四耳壺について――琉球国・首里城「京の内」（1459 年大火層一括）を中心として――〉，《南島考古》，No. 21，2002 年，頁 1～10。

50. 鈴木重治，〈沖縄出土の中国産輸入陶磁器〉，《貿易陶磁研究》，No. 1，1981 年，頁 9～16。

51. 嶋骨和彦，〈堺環濠都市遺跡（SKT14）出土の寛永 3 年正保 4 年の陶磁器〉，《貿易陶磁研究》，No. 6，1986 年，頁 67～74。

52. 續伸一郎，〈堺環濠都市遺址出土のタイ四耳壺〉，《貿易陶磁研究》，No. 9，1989 年，頁 123～133。

53. 續伸一郎，〈堺環濠都市遺址出土の貿易陶磁（1）――出土陶器の分類を中心として〉，《貿易陶磁研究》，No. 10，1990 年，頁 143～166。

英文專書

1. Blair, E. H. & J A. Robertson ed., *The Philippine Islands, 1493-1898,* Vol. 3（Cleveland, 1903）.

2. Borao Mateo, José Eugenio et al. *Spaniard in Taiwan, Vol. I*（Taipei: SMC Publishing, 2001）.

3. Brigadier, Sara & Anthony Randolph. *SJB2 Artifact Catalog 1996-1999 Ship Lab Report 2*（Texas: Department of Anthropology, Texas A&M University, 2002）.

4. Brown, Roxanna M. & Sten Sjostrand. *Maritime Archaeology and Shipwreck Ceramics in Malaysia*（Kulala Lumpur: Department of Museums & Antiquities, 2001）.

5. Bulter, Michael, Margaret Medley, Stephen Little. *Seventeenth Century Chinese Porcelain from the BulterFamily Collection*（Alexandria, Virginia: Art Services International, 1990）.

6. Curtis, Julia B. *Chinese Porcelains of the Seventeenth Century: Landscapes, Scholars' Motifs and Narrative*（New York: China Institute Gallery, 1995）.

7. Carswell, John. *Blue and White- Chinese Porcelain and Its Impact on the Western World*（U. S. A. : The David and Alfred Smart Gallery, The University of Chicago, 1985）.

8. Chang, Hsiu-Jung, Anthony Farrington, Fu-San Huang, Yung-Ho Ts'ao, Mi-Tsa Wu, Hsi-fu Cheng, Ka-In Ang. *The English Factory in Taiwan*（Taipei: National Taiwan University, 1995）.

9. Chang, Kwang-chih. *Fengpitou, Tapenkeng, and the Prehistory of Taiwa*（New Haven: Department of Anthropology Yale University, 1969）.

10. Chien, Nguyen Dinh. *The Ca Mau Shipwreck 1723-1735*（Ha Noi: The National Museum of Vietnamese History, 2002）.

11. Christie's Amsterdam B. V. *The Vung Tau Cargo: Chinese Export Porcelain*（Amsterdam: Christie's Amsterdam B. V., 1992）.

12. Christie's. The Binh Thuan Shipwreck（Australia: Christie's Australia Pty Ltd., 2005）.

13. Cooper, Emmaneul. *A History of World Pottery*（Larousse co. Inc., 1981）.

14. Desroches, Jean Paul and Albert Giordan ed. *The Treasure of San Diego*（Paris: AFAA and ELF, 1996）.

15. Dick, Garnier. *Ayutthaya: Venice of the East*（Bangkok: River Books Co., Ltd, 2004）.

16. Harrisson, Barbara. *SWATOW in Het Princessehof*（Leeuwarden, The Nertherlands: Gemeentelijk Museum Het Princessehof, 1979）.

17. Harrisson, Barbara. *Later Ceramics in South-East Asia: Sixteenth to Twentieth Centuries*（New York: Oxford University Press, 1995）.

18. Harrison-Hall, Jessica. *Catalogue of Late Yuan and Ming Ceramics in the British Museum*（London: The British Museum Press, 2001）.

19. Hayashiya, Seizo & Henry Trubner. *Chinese Ceramics from Japanese Collections*（New York: The Asia Society, Inc., 1977）.

20. Ho, Chuimei. *Minnan Blue-and-white Wares- An archaeology survey of kiln sites of the 16th- 19th centuries in southern Fujian, China*, BAR International Series 428,（Oxford: B. A.R., 1988）.

21. Jörg, Christiaan J. A. *Porcelain and the Dutch China trade*（Hague: Uitgeverij Martinus Nijhoff, 1982）.

22. Jörg, Christiaan J. A. & Jan van Campen. *Chinese Ceramics in the Collection of the Rijksmuseum, Amsterdam: The Ming and Qing Dynasties*（Amsterdam: Rijksmuseum & Londom: Philip Wilson Publishers Limited, 1997）.

23. Jörg, Christiaan J. A. & Michael Flecker. *Porcelain from the Vung Tau Wreck*（UK: Sun Tree Publishing, 2001）.

24. Kerr, Rose & John Ayers. *Blanc De Chine: Porcelain from Dehua*（Singapore:

25. National Heritage Board, 2002）.

26. Krahl, Regina. *Chinese Ceramics in the Topkapi Saray Museum Istanbul II*（London: Sotheby's Publication, 1986）.

27. Kuwayama, George. *Chinese Ceramics in Colonial Mexico*（Los Angeles, California: Los Angeles County Museum of Art, 1997）.

28. Leandro and Locsin, Cecilia, *Oriental Ceramics Discovered In The Philippines,*（Rutland, Vermont & Tokyo, Japan: Charles E. Tuttle Company

Inc., 1967）.

29. Loviny, Christophe. *The Pearl Road- Tales of Treasure ships*（Mandaluyong City, Philippines: Asiatype, Inc. and Christophe Loviny, 1998）.

30. Mansfield, Janet. *Salt-Glaze Ceramics: An International Perspective*（Australia: Craftsman House BVI Ltd., 1991）.

31. Mathers, William M., Henry S. Parker III, PhD & Kathleen A. Copus. *Archaeological Report: The Recovery of the Manila Galleon Nuestra Señora de la Concepción*（Saipan: Pacific Sea Resources, 1990）.

32. Mathers, William M. & Nancy Shaw. *Treasure of the Concepción*（Hongkong: APA Publications Ltd., 1993）.

33. Mohd Yatim, Othman Bin. *Chinese Islamic Wares in the Collection of Muzium Negara*（Kuala Lumpur: Muzium Negara, Kuala Lumpur, Malaysia, 1981）.

34. Pijl-Ketel, C. L. van der. *The Ceramic Load of the "Witte Leeuw"*（Amsterdam: RiJks Museum, 1982）.

35. Pisit, Charoenwongsa & Prishanchit Sayan. *Underwater Archaeology in Thailand II: Ceramics From the Gulf of Thailand*（Dusit Bkk: Samaphan Published Co., Ltd., 1990）.

36. Rinaldi, Maura. *Kraak Porcelain: A Moment in the History of Trade*（Bamboo Publishing Ltd., London: 1989）.

37. Shangraw, Clarence & Edward P. Von der Porten. *The Drake and Cermeño*

38. *Expeditions'Chinese Porcelains at Drakes Bay, California 1579 and 1595*

39. （California: Santa Rosa Junior College; Drake Navigator Guild, 1981）.

40. Sheaf, Colin & Richard Kilburn. *The Hatcher Porcelain Cargoes*（Oxford: Phaidon, Christie's Ltd., 1988）.

41. Sumarah, Adhyatman. *Zhangzhou（SWATOW）Ceramics, Sixteenth to Seventeenth Centuries Found in Indonesia*（Jakarta: The Ceramic Society of Indonesia, 1999）.

42. Tsang, Cheng-hwa. *Archaeology of the P'eng-Hu Islands*（Taipei; Institude of History and Phiology Academia Sinica, 1992）.

43. Volker, T. *Porcelain and The Dutch East India Company*（Leiden, Holland: E. J. Brill, 1971）.

英文期刊論文

1. Blusse, Leonard. "No Boats to China. The Dutch East India Company and the Changing Pattern of the China Sea Trade, 1635-1690,"*Modern Asian Studies*, No. 30, I , 1996, pp.66-68.

2. Borao Mateo, José Eugenio. "Fleets, Relief and Trade: Communications between Manila and Jilong, 1626-1642," *Around and about Formosa: Essays in Honor of Professor Ts'ao Yung-ho* (Taipei: The Ts'ao Yung-ho Foundation for Culture and Education, 2003,) pp.307-336.

3. Bowden, Tracy. "Gleaning Treasure from the Silver Bank," *National Geographic,* Vol. 190, No. 1, 1996, pp.90-105.

4. Carswell, John. "China and Islam in the Maldive Islands," *Transaction of Oriental Ceramics Society*, vol. XLI（1975-1977）, pp.121-198.

5. Close, Jane. "Excavated Oriental Ceramics from the Cape of Good Hope: 1630-1830." *Transaction of the Oriental Ceramic Society*, Vol. 57, 1992-1993, pp.69-80.

6. Crick, Monique. "The San Diego Galleon, 14 Decemeber 1600, a Dating for Swatow Porcelain," *Oriental Art,* Vol. XLVI, No.3, 2000, pp.2-31.

7. Curtis, Julia B. "Transition Wares Made Plain: A Wreck from the South China Sea," *Oriental Art,* Vol. XXXI, No. 2, 1985, pp.161-173.

8. Curtis, Julia B. "17th and 18th Century Chinese Export Ware in Southeastern Virginia,"*Transactions of the Oriental Ceramic Society,* Vol. 53, 1988, pp.46-64.

9. Dizon, Eusebio Z. "Underwater and Maritime Archaeology in the Philippines," *Philippine Quarterly of Culture and Society,* Vol.31, 2003, pp.1-25.

10. Harbeston, Jake. "Correspondence: Wrecked Spanish galleon" *Arts of Asia,* Vol. 33, No. 1, 2003, p. 2.

11. Hsieh, Ming-liang. "Ancient Thai Ceramics through 20th Centuey Photographs," *National Palace Museum Bulletin,* Vol. 38, 2006, pp.41-75.

12. Kuwayama, George. "Chinese Ceramic in Peru," *Oriental Art,* Vol. XLVI, No. 1, 2000, pp.2-15.

13. Kuwayama, George and Anthony Pasinski. "Chinese Ceramics in the Audiencia of Guatemala," *Oriental Art,* Vol. XLVIII, No. 4, 2002, pp.25-35.

14. Lion-Goldschmidt, Daisy. "Les porcelains chinoises du palais de Santos" *Arts of Asiatiques*, tome. XXXIX, 1984, pp.3-72.

15. Olove, R. Janse. "An Archaeological Expedition to Indo-China and the Philippines," *Harvard Jounral of Asiatic Studie,* Vol. 6, 1941, p. 247-267.

16. Quellmalz, Carl Robert. "Chinese Porcelain Excavated From North American Pacific Coast Sites," *Oriental Art,* Vol. XVIII, no. 2, 1972, pp.148-154.

17. Shulsky, Linda S. "Chinese Porcelain in Spanish Colonial Sites in the Southern Part of North America and the Caribbean,"*Transactions of the Oriental Ceramic Society,* Vol. 63, 1998-1999, pp.83-98.

18. Sjostrand, Sten. "The 'Xuande' Wreck Ceramics," *Oriental Art*, Vol.XLIII, No.2, 1997, pp.7-14.

19. Valdes, Cynthia O. "Martaban Jars Found in the Philippines," *Arts of Asia,* September-October, 1992, pp.63-73.

20. Viallé, Cynthia. "Setting the Records Straight: Some Notes on the Import of Chinese Porcelain into Japan by the Dutch," *Around and about Formosa: Essays in Honor of Professor Ts'ao Yung-ho* (Taipei: The Ts'ao Yung-ho Foundation for Culture and Education, 2003,）pp.43-60.

網站資料

1. The 'Wanli' Shipwreck, A 17th century shipwreck in the South China Sea
   引自：http://www.mingwrecks.com/Wanli.html

2. The ceramic finds from the *Avondster*
   引自：http://cf.hum.uva.nl/galle/avondster/ceramics.html

3. Bellarmine Jug
   引自：http://www1.bellarmine.edu/strobert/jugs/index.asp

4. Beardman jugs from the *Avondster* site
   引自：http://cf.hum.uva.nl/galle/avondster/beardman.html

圖版說明及出處

地圖 1：臺灣各地十七世紀相關考古遺址位置圖

圖 2-1：臺北縣八里鄉大坌坑遺址出土元代景德鎮窯影青釉飛鳳紋執壺
（引自劉益昌，《臺灣的史前文化與遺址》，1996，頁 64）

圖 2-2：臺北縣八里鄉大坌坑遺址出土福建窯系刻花青瓷碗盤殘片
（圖上引自 Chang Kwang-chih, *Fengpitou, Tapenkeng, and the Prehistory of Taiwan*, 1969, pl. 101m；圖下爲筆者採集）

圖 2-3：臺北縣淡水鎮埤島橋遺址出土影青釉執壺流嘴殘片
（感謝劉鵠雄先生提供）

圖 2-4：臺北縣淡水鎮埤島橋遺址出土回紋帶蓮瓣紋青瓷碗殘片（上）、細線蓮瓣紋青瓷碗殘片（下）
（引自劉益昌，《臺北縣北海岸地區考古遺址調查報告》，1997，圖三四。）

圖 2-5：台北縣淡水鎮下規柔 II 遺址出土細線蓮瓣紋青瓷碗殘片
（引自國立歷史博物館歷史考古小組，《十七世紀荷西時期北台灣歷史考古研究成果報告》，2005，圖版 104）

圖 2-6：日本新卷本村遺跡出土細線蓮瓣紋青瓷碗
（引自愛知縣陶磁資料館編，《近世城館跡出土の陶磁》，1970，圖 10）

圖 2-7：台北市圓山遺址出土素面青瓷碗殘片
（筆者攝於臺北市圓山兒童育樂中心考古陳列室）

圖 2-8：宜蘭淇武蘭遺址 M20 出土排點紋青花碗
（引自邱鴻霖，《宜蘭縣礁溪鄉淇武蘭遺址出土墓葬研究——埋葬行爲與文化變遷的觀察》，2004，頁 109。）

圖 2-9：菲律賓呂宋島 San Isidro 沉船出土排點紋青花碗
（引自小川光彥、宮城弘樹、宮田繪津子、森隆、森本朝子、フィリピン
国立博物館考古部，〈フィリピン・サンイシドロ沉船の陶磁器〉，2001，
頁 104）

圖 2-10：宜蘭淇武蘭遺址出土素面青瓷碗
（引自陳有貝、李貞瑩，〈淇武蘭遺址出土近代瓷器簡介〉2004 年，圖版
79、80）

圖 2-11：宜蘭淇武蘭遺址 M40 號墓出土德化窯白瓷「舖首銜環」長頸瓶
（引自陳有貝、李貞瑩，〈淇武蘭遺址出土近代瓷器簡介〉2004 年，圖版
75）

圖 2-12：福建出土明正德己卯年（1519）紀年墓德化窯白瓷舖首貼塑長頸瓶
（筆者攝於福建德化縣陶瓷博物館；感謝陳建中館長提供）

圖 2-13：德化縣潯中出土明萬曆十五年（1617）墓德化窯白瓷舖首貼塑長頸
瓶
（筆者攝於福建德化縣陶瓷博物館；感謝陳建中館長提供）

圖 2-14：宜蘭淇武蘭遺址 M40 號墓出土德化窯白瓷雙耳長頸瓶
（引自陳有貝、李貞瑩，〈淇武蘭遺址出土近代瓷器簡介〉2004 年，圖版
76）

圖 2-15：德化縣潯中出土明萬曆十五年（1617）墓白瓷雙耳長頸瓶
（筆者攝於福建德化縣陶瓷博物館；感謝陳建中館長提供）

圖 2-16：德化縣三班鄉出土南明隆武元年（1645）紀年墓白瓷雙耳長頸瓶
（筆者攝於福建德化縣陶瓷博物館；感謝陳建中館長提供）

圖 2-17：臺中清水社口遺址出土仕女人物紋青花小盤
（引自陳維鈞，《清水社口遺址緊急搶救發掘報告》，2004，圖版 25）

圖 2-18：臺中清水社口遺址出土花卉紋青花小盤
（引自陳維鈞，《清水社口遺址緊急搶救發掘報告》，2004，圖版 27）

圖 2-19：菲律賓呂宋島 San Isidro 沉船出土仕女人物紋青花盤
（筆者攝於菲律賓國立博物館；感謝 Dr. Eusebio Z. Dizon 提供）

圖 2-20：雲林縣麥寮鄉雷厝遺址出土漳州窯釉上彩花草紋瓷盤
（引自劉益昌、顏廷仔，〈雷厝遺址發掘報告〉，頁 101）

圖 2-21：臺南縣新市鄉社內遺址出土排點紋青花碗
（感謝中央研究院歷史語言研究所李匡悌教授提供筆者實物進行測繪與

攝影）

圖 2-22：臺南縣新市鄉社內遺址出土德化窯白瓷弦紋三足爐

（出處同圖 2-21）

圖 2-23：1643 年 Hatcher 號沉船出土白瓷三足爐

（引自 Colin Sheaf & Richard Kilburn, *The Hatcher Porcelain Cargoes*, 1988, pl. 113.）

圖 2-24：臺南縣新市鄉社內遺址出土青花人物紋碗

（出處同圖 2-21）

圖 2-25：菲律賓巴拉望省 Royal Captain 險礁沉船出土青花人物紋碗

（引自 Franck Goddio, Discovery and Archaeological Excavation of A 16th Century Trading Vessel in the Philippines, 1988, Color Pl. 13）

圖 2-26：臺南縣新市鄉社內遺址出土簡筆花草紋青花碗

（出處同圖 2-21）

圖 2-27：菲律賓巴拉望省 Royal Captain 險礁沉船出土簡筆花草紋青花碗

（引自 Franck Goddio, Discovery and Archaeological Excavation of A 16th Century Trading Vessel in the Philippines, 1988, p. 61）

圖 2-28：臺南縣新市鄉社內遺址出土青瓷花口盤

（出處同圖 2-21）

圖 2-29：江西永修黎家山明正統九年（1444）墓出土刻花青瓷盤

（引自朱伯謙主編，《龍泉窯青瓷》，1998，圖 272）

圖 2-30：臺南縣新市鄉社內遺址出土醬釉硬陶細頸小罐

（出處同圖 2-21）

圖 2-31：菲律賓巴拉望省 Royal Captain 險礁沉船出土醬釉硬陶玉壺春瓶

（引自 Franck Goddio, Discovery and Archaeological Excavation of A 16th Century Trading Vessel in the Philippines, 1988, Color Pl. 22）

圖 2-32：臺南縣新市鄉社內遺址出土醬釉硬陶玉壺春瓶

（出處同圖 2-21）

圖 2-33：臺南縣新市鄉社內遺址出土醬釉硬陶玉壺春瓶

（出處同圖 2-21）

圖 2-34：菲律賓巴拉望省 Royal Captain 險礁沉船出土醬釉硬陶玉壺春瓶

（引自 Franck Goddio, Discovery and Archaeological Excavation of A 16th Century Trading Vessel in the Philippines, 1988, Color Pl. 19）

瓷》，2005，頁 104，lot 1791）

圖 3-9：澎湖風櫃尾出土錦地開光花鳥紋青花盤
（出處同圖 3-2）

圖 3-10：澎湖風櫃尾出土壽字紋青花盤

圖 3-11：澎湖風櫃尾出土壽字紋青花盤
（出處同圖 3-2）

圖 3-12：澎湖風櫃尾出土螭龍紋青花盤
（出處同圖 3-2）

圖 3-13：金門金城出土晚明螭龍紋青花盤
（引自國立歷史博物館編輯委員會，《國立歷史博物館典藏目錄文物篇（一）》，1998，頁 52，圖 7117）

圖 3-14：澎湖風櫃尾出土撇口弧壁麒麟紋青花小盤
（出處同圖 3-2）

圖 3-15：鄭州古滎出土撇口弧壁麒麟紋青花小盤
（引自鄭州市博物館，〈鄭州古滎發現一批窖藏青花瓷器〉，1983，圖版七-5）

圖 3-16：澎湖風櫃尾出土直口花草紋青花小盤/碗
（出處同圖 3-2）

圖 3-17：澎湖風櫃尾出土器心蓮瓣紋青花小盤/碗
（出處同圖 3-2）

圖 3-18：澎湖風櫃尾出土壁式足青花碗

圖 3-19：土耳其 Topkapi Saray 博物館收藏壁式足青花碗
（引自 Regina Krahl, Chinese Ceramics in the Topkapi Saray Museum Istanbul II, 1986, p.789.）

圖 3-20：澎湖風櫃尾出土青花小杯
（出處同圖 3-2）

圖 3-21：澎湖風櫃尾出土青花軍持
（出處同圖 3-2）

圖 3-22：美國大都會美術館收藏青花軍持
（引自 John Carswell, *Biue and White- Chinese Porcelain and Its Impact on the Western World*, 1985, p.112, pl. 54）

圖 3-37：澎湖風櫃尾出土阿拉伯紋與人物紋開光青花大盤
（出處同圖 3-2）

圖 3-38：印尼私人收藏阿拉伯紋與人物紋開光青花大盤
（引自 Sumarah Adhyatman, *Zhangzhou (SWATOW) Ceramics, Sixteenth to Seventeenth Centuries found in Indonesia*, 1999, p. 87, pl. 85）

圖 3-39：澎湖風櫃尾出土樓閣花草紋青花盤

圖 3-40：澎湖風櫃尾出土折沿深弧壁鹿紋青花碗（Klapmut）
（出處同圖 3-2）

圖 3-41：澎湖風櫃尾出土直口弧壁碗心團花游魚紋青花碗
（出處同圖 3-2）

圖 3-42：澎湖風櫃尾出土直口弧壁纏枝花草紋青花碗
（出處同圖 3-2）

圖 3-43：澎湖風櫃尾出土撇口弧壁童子紋青花碗
（出處同圖 3-2）

圖 3-44：澎湖風櫃尾出土碗心串花紋青花碗
（出處同圖 3-2）

圖 3-45：澎湖風櫃尾出土碗心輪花紋青花碗
（出處同圖 3-2）

圖 3-46：澎湖風櫃尾出土開光西亞銘文青花碗
（出處同圖 3-2）

圖 3-47：日本私人收藏開光西亞銘文青花碗
（引自出光美術館，《ルクロードの宝物 草原の道・海の道》，2001，圖 317）

圖 3-48：澎湖風櫃尾出土壽字紋青花碗
（出處同圖 3-2）

圖 3-49：澎湖風櫃尾出土雙龍搶珠紋藍釉褐彩大盤
（出處同圖 3-2）

圖 3-50：日本火田山紀念博物館收藏雙龍搶珠紋藍釉褐彩大盤
（引自 Seizo Hayashiya & Henry Trubner, *Chinese Ceramics from Japanese Collections*, 1977, p. 125）

圖 3-51：澎湖風櫃尾出土藍釉白彩花草紋盤

（出處同圖 3-2）

圖 3-52：日本靜嘉堂文庫美術館收藏藍釉白彩花草紋盤

（引自靜嘉堂文庫美術館編，《靜嘉堂藏吳州赤繪名品圖錄》，1997，圖 59）

圖 3-53：澎湖風櫃尾出土德化窯模印線紋圓盒蓋

圖 3-54：1643 年 Hatcher 號沉船出土德化窯白瓷模印線紋圓蓋盒

（引自 Colin Sheaf & Richard Kilburn, *The Hatcher Porcelain Cargoes,* 1988, pl. 18）

圖 3-55：澎湖風櫃尾出土白瓷碗

（出處同圖 3-2）

圖 3-56：澎湖風櫃尾出土安平壺

圖 3-57：澎湖風櫃尾出土斜肩帶繫罐

圖 3-58：1613 年荷蘭 Witte Leeuw 號沉船出土斜肩帶繫罐

（引自 C. L. van der Pijl-Ketel, *The Ceramic Load of the "Witte Leeuw,"*,1982 , p. 223）

圖 3-59：1638 年西班牙 Concepción 號沉船出土斜肩帶繫罐

（引自 William M. Mathers & Nancy Shaw, *Treasure of the Concepción*, 1993,p. 10）

圖 3-60：1659 年荷蘭 Avondster 號沉船出土斜肩帶繫罐

（引自 http://cf.hum.uva.nl/galle/avondster/ceramics.html）

圖 3-61：臺南永漢民藝館收藏傳世斜肩帶繫罐

圖 3-62：澎湖風櫃尾出土圓肩帶繫罐

圖 3-63：澎湖風櫃尾出土德國鹽釉陶

（出處同圖 3-2）

圖 3-64：澎湖北部吉貝島海域打撈錦地開光花鳥紋青花盤

（出處同圖 3-2）

圖 3-65：1623 年荷蘭人所繪澎湖風櫃尾城堡及其相關遺物出土位置圖

（改繪自漢聲編，《十七世紀荷蘭人繪製的台灣老地圖》圖版篇，1997，頁 96-97）

地圖 2：江西景德鎮窯輸往福建、臺灣路線

圖 4-1-1：臺南安平熱蘭遮城出土雙勾填染開光紋青花盤

（引自傅朝卿、劉益昌等，《第一級古蹟台灣城殘跡（原熱蘭遮城）城

址初步研究計畫成果報告書》，2003，圖版 59-1、2、6、10）

圖 4-1-2：臺南安平熱蘭遮城出土單線勾繪開光紋青花盤

（引自傅朝卿、劉益昌等，《第一級古蹟台灣城殘跡（原熱蘭遮城）城址初步研究計畫成果報告書》，2003，圖版 59-3、4）

圖 4-1-3：臺南安平熱蘭遮城出土圓形開光紋青花盤

（引自傅朝卿、劉益昌等，《第一級古蹟台灣城殘跡（原熱蘭遮城）城址初步研究計畫成果報告書》，2003，圖版 59-5）

圖 4-1-4：馬來西亞海域萬曆號沉船出土圓形開光紋青花瓷盤

（引自中國嘉德編，《中國嘉德四季拍賣會 明萬曆號、清迪沙如號海撈陶瓷》，2005，頁 85、lot 1761）

圖 4-1-5：臺南安平三信合作社後方建築基地出土開光紋青花瓷盤

圖 4-1-6：土耳其 Topkapi Saray 博物館收藏開光紋青花瓷盤

（引自 Krahl, Regina, Chinese Ceramics In the Topkapi Saray Museum Istanbul II, 1986, p. 803, fig. 1606）

圖 4-1-7：臺南安平熱蘭遮城城址出土之藍釉白彩瓷

（引自傅朝卿、劉益昌等，《第一級古蹟台灣城殘跡（原熱蘭遮城）城址初步研究計畫成果報告書》，2003，圖版 87）

圖 4-1-8：臺南安平熱蘭遮城城址出土漳州窯青花盤

（引自劉益昌、謝明良，《熱蘭遮城博物館（現永漢文物館）調查修復規劃案——熱蘭遮城考古遺址出土文物研究與展示構想計畫》，2005，頁 28-29、圖 4-1-20、4-1-23a）

圖 4-1-9：臺南永漢文物館舊藏安平地區出土漳州窯鹿紋青花盤

圖 4-1-10：臺南安平熱蘭遮城城址出土漳州窯釉上彩瓷

（引自劉益昌、謝明良，《熱蘭遮城博物館（現永漢文物館）調查修復規劃案——熱蘭遮城考古遺址出土文物研究與展示構想計畫》，2005，頁 33、圖 4-1-34）

圖 4-1-11：臺南安平熱蘭遮城城址出土漳州窯青瓷

（引自傅朝卿、劉益昌等，《第一級古蹟台灣城殘跡（原熱蘭遮城）城址初步研究計畫成果報告書》，2003，圖版 81）

圖 4-1-12：1643 年 Hatcher 號沉船出土漳州劃紋青瓷盤

（引自 Colin Sheaf & Richard Kilburn, The Hatcher Porcelain Cargoes, 1988, pl. 114）

圖 4-2-1：臺南縣新市鄉社內遺址出土開光紋青花瓷（克拉克瓷）
（感謝中央研究院歷史語言研究所李匡悌教授提供筆者實物進行測繪
與攝影）

圖 4-2-2：臺南縣新市鄉社內遺址出土折枝花草紋青花碗
（出處同 4-2-1）

圖 4-2-3：臺南縣新市鄉社內遺址出土藍釉小杯
（出處同 4-2-1）

圖 4-2-4：臺南縣新市鄉社內遺址出土線圈紋青花碗
（出處同 4-2-1）

圖 4-2-5：臺南縣新市鄉社內遺址出土線圈紋澀圈青花碗
（出處同 4-2-1）

圖 4-2-6：越南中部 Binh Thuan 號沉船出土線圈紋澀圈青花碗
（引自 Christie's, *The Binh Thuan Shipwreck*, 2005, p. 71, lot 652）

圖 4-2-7：臺南縣新市鄉社內遺址出土鳳紋青花碗
（出處同 4-2-1）

圖 4-2-8：1643 年 Hatcher 號沉船出土鳳紋青花碗
（引自 Jessica Harrison-Hall, Catalogue of Late Yuan and Ming Ceramics in
the British Museum, 2001, p. 364）

圖 4-2-9：宜蘭淇武蘭遺址出土開光花草水禽紋青花碗
（引自陳有貝、李貞瑩，〈淇武蘭遺址出土近代瓷器簡介〉，2004，圖版
15、16）

圖 4-2-10：1600 年 San Diego 號沉船出土開光花草水禽紋青花碗
（筆者攝於菲律賓國立博物館 Cebu 島分館）

圖 4-2-11：臺南縣新市鄉社內遺址出土花式開光花草紋青花碗
（出處同 4-2-1）

圖 4-2-12：臺南縣新市鄉社內遺址出土「魁」字紋青花碗
（出處同 4-2-1）

圖 4-2-13：臺南縣新市鄉社內遺址出土圈帶紋青花碗
（出處同 4-2-1）

圖 4-2-14：臺南縣新市鄉社內遺址出土牡丹鳳紋青花盤
（出處同 4-2-1）

圖 4-2-15：臺南科學園區大道公遺址出土錦地開光紋青花盤
（引自臧振華、李匡悌、朱正宜，《台南科學園區道爺遺址未劃入保存
區部份搶救考古計劃期末報告》，2004，頁 426，圖 9-26）

圖 4-2-16：臺南縣新市鄉社內遺址出土花草紋青花盤
（出處同 4-2-1）

圖 4-2-17：臺南縣新市鄉社內遺址出土團花紋青花小盤
（出處同 4-2-1）

圖 4-2-18：臺南縣新市鄉社內遺址出土折沿簡筆花鳥紋青花小杯
（出處同 4-2-1）

圖 4-2-19：1643 年 Hatcher 號沉船出土白瓷小杯
（引自 Jessica Harrison-Hall, Catalogue of Late Yuan and Ming Ceramics
in the British Museum, 2001, p. 467）

圖 4-2-20：臺南縣新市鄉社內遺址出土花草紋青花器蓋
（出處同 4-2-1）

圖 4-2-21：菲律賓巴拉望省 Royal Captain 險礁沉船出土花草紋青花器蓋
（引自 Franck Goddio, Discovery and Archaeological Excavation of A 16th
Century Trading Vessel in the Philippines, 1988, Color Pl. 18）

圖 4-2-22：宜蘭淇武蘭遺址出土的青花玉壺春瓶
（引自陳有貝、李貞瑩，〈淇武蘭遺址出土近代瓷器簡介〉，2004，圖版
54-56）

圖 4-2-23：臺南縣新市鄉社內遺址出土青花玉壺春瓶
（出處同 4-2-1）

圖 4-2-24：臺南縣新市鄉社內遺址出土青花玉壺春瓶
（出處同 4-2-1）

圖 4-2-25：日本九州大分市大有府內町出土青花玉壺春瓶
（引自大分市教育委員會，《大友府內 6 中世大友府內町跡第十四次發
掘報告書》，2003，頁 65）

圖 4-2-26：菲律賓巴拉望省 Royal Captain 險礁沉船出土青花玉壺春瓶
（引自 Franck Goddio, Discovery and Archaeological Excavation of A 16th
Century Trading Vessel in the Philippines, 1988, p. 86）

圖 4-2-27：印尼私人收藏青花玉壺春瓶
（引自 Sumarah Adhyatman, Zhangzhou (SWATOW) Ceramics, Sixteenth

to Seventeenth Centuries found in Indonesia, 1999, Pl. 130）

圖 4-2-28：臺南縣新市鄉社內遺址出土青花盤口細頸小瓶
（引自李匡悌，《三舍暨社內遺址受相關水利工程影響範圍搶救考古發掘工作計劃期末報告》，2005，圖版 104）

圖 4-2-29：宜蘭淇武蘭遺址出土漳州窯加彩瓷盤
（引自陳有貝、李貞瑩，〈淇武蘭遺址出土近代瓷器簡介〉，2004，圖版 59）

圖 4-2-30：臺南縣新市鄉社內遺址出土漳州窯加彩瓷碗盤
（出處同 4-2-1）

圖 4-2-31：臺南科學園區五間厝遺址出土白瓷玉壺春瓶
（引自臧振華、李匡悌、朱正宜，《台南科學園區道爺遺址未劃入保存區部份搶救考古計劃期末報告》，2004，頁 419，圖 9-18）

圖 4-2-32：臺南縣新市鄉社內遺址出土醬釉細頸罐
（出處同 4-2-1）

圖 4-2-33：臺南縣新市鄉社內遺址出土醬釉細頸罐
（出處同 4-2-1）

圖 4-2-34：越南中部 Binh Thuan 號沉船出土醬釉細頸罐
（引自 Christie's, *The Binh Thuan Shipwreck*, 2005, p. 72, lots 135-139）

圖 4-2-35：臺南縣新市鄉社內遺址出土醬釉玉壺春瓶
（出處同 4-2-1）

圖 4-2-36：臺南縣新市鄉社內遺址出土醬釉四繫圓腹罐
（出處同 4-2-1）

圖 4-2-37：臺南縣新市鄉社內遺址出土醬釉雙繫注壺
（出處同 4-2-1）

圖 4-2-38：臺南縣新市鄉社內遺址出土醬釉三繫大罐
（出處同 4-2-1）

圖 4-2-39：宜蘭淇武蘭遺址出土醬釉三繫大罐
（引自陳有貝、邱水金、李貞瑩，《宜蘭縣礁溪鄉淇武蘭遺址第三階段資料整理計畫工作報告書》，2005，圖版 49 中）

圖 4-2-40：1600 年西班牙 San Diego 號沉船出土醬釉三繫大罐
（引自 Jean Paul Desroches and Albert Giordan ed., *The Treasure of San Diego*, 1996, p. 249.）

圖 4-2-41：1613 年 Witte Leeuw 號沉船出土醬釉三繫大罐
（引自 C. L. van der Pijl-Ketel, *The Ceramic Load of the "Witte Leeuw"*, 1982, p. 236）

圖 4-2-42：臺南縣新市鄉社內遺址出土褐釉四繫罐
（出處同 4-2-1）

圖 4-2-43：宜蘭淇武蘭遺址出土褐釉四繫罐
（引自陳有貝、邱水金、李貞瑩，《宜蘭縣礁溪鄉淇武蘭遺址第三階段資料整理計畫工作報告書》，2005，圖版 49 左、右）

圖 4-2-44：1613 年 Witte Leeuw 號沉船出土褐釉四繫罐
（引自 C. L. van der Pijl-Ketel, *The Ceramic Load of the "Witte Leeuw"*, 1982, p. 242）

圖 4-2-45：明末 Binh Thuan 號沉船出土褐釉四繫罐
（引自 Christie's, *The Binh Thuan Shipwreck*, 2005, p. 49, lots 380-383）

圖 4-2-46：臺南縣新市鄉社內遺址出土褐釉劃紋或貼塑紋帶繫罐
（出處同 4-2-1）

圖 4-2-47：宜蘭淇武蘭遺址出土褐釉劃紋帶繫罐
（引自陳有貝、邱水金、李貞瑩，《宜蘭縣礁溪鄉淇武蘭遺址第三階段資料整理計畫工作報告書》，2005，圖版 47）

圖 4-2-48：臺南縣新市鄉社內遺址出土褐釉劃紋或貼塑紋罐殘片
（出處同 4-2-1）

圖 4-2-49：1600 年西班牙 San Diego 號沉船出土褐釉貼塑紋帶繫罐
（引自 Jean Paul Desroches and Albert Giordan ed., *The Treasure of San Diego*, 1996, p. 249.）

圖 4-2-50：1613 年 Witte Leeuw 號沉船出土褐釉貼塑紋帶繫罐
（引自 C. L. van der Pijl-Ketel, *The Ceramic Load of the "Witte Leeuw"*, 1982, p. 228）

圖 4-2-51：1613 年 Witte Leeuw 號沉船出土褐釉劃紋帶繫罐
（引自 C. L. van der Pijl-Ketel, *The Ceramic Load of the "Witte Leeuw"*, 1982, pp. 230-231）

圖 4-2-52：明末 Binh Thuan 號沉船出土褐釉貼塑紋帶繫罐
（引自 Christie's, *The Binh Thuan Shipwreck*, 2005, p. 49, lots 380-383）

圖 4-2-53：臺南縣新市鄉社內遺址出土醬釉四繫弧壁盆

（出處同 4-2-1）

圖 4-2-54：臺南縣新市鄉社內遺址出土褐釉四繫斜壁盆
（出處同 4-2-1）

圖 4-2-55：臺南縣新市鄉社內遺址出土醬釉弧壁盆
（出處同 4-2-1）

圖 4-2-56：臺南縣新市鄉社內遺址出土無柄注壺
（出處同 4-2-1）

圖 4-2-57：1643 年 Hatcher 號沉船出土無柄注壺
（引自 Jessica Harrison-Hall, Catalogue of Late Yuan and Ming Ceramics in the British Museum, 2001, p. 451）

圖 4-2-58：臺南縣新市鄉社內遺址出土無釉單柄注壺
（出處同 4-2-1）

圖 4-2-59：1643 年 Hatcher 號沉船出土無釉單柄注壺
（引自 Jessica Harrison-Hall, Catalogue of Late Yuan and Ming Ceramics in the British Museum, 2001, p. ）

圖 4-2-60：宜蘭淇武蘭遺址 M75 墓出土綠釉軍持流嘴殘片
（引自邱鴻霖，《宜蘭縣礁溪鄉淇武蘭遺址出土墓葬研究——埋葬行爲與文化變遷的觀察》，2004，頁 92、圖版 23）

圖 4-2-61：日本九州鹿兒島縣寺園家傳世收藏
（引自上東克彥，〈鹿兒島縣薩摩半島に傳世された華南三彩——クンディと果実形水注一〉，2004，頁 173、圖 2）

圖 4-2-62：日據時代臺南佳里北頭洋社公廨供奉的深綠龍紋浮雕貼塑陶軍持
（引自國分直一，《壺を祀ゐ村——台湾民族誌》，1981，頁 263 下圖）

圖 4-2-63：1970 年代後期所拍攝之佳里北頭洋社公廨供奉之軍持
（引自石萬壽，《台灣的拜壺民族》，1990 年，頁 172）

圖 4-2-64：荷蘭呂瓦登 Princessehof 博物館收藏鉛釉陶龍紋軍持
（引自 Barbara Harrisson, Later Ceramics in South-East Asia: Sixteenth to Twentieth Centuries, 1995, fig. 68）

圖 4-2-65：日本長崎築町遺跡出土無釉陶質軍持
（引自扇浦正義，〈出島〉，1998，頁 30）

圖 4-2-66：暹邏灣所發現之 Si Chang I 沉船出土無釉陶質軍持
（引自 Pisit Charoenwongsa & Sayan Prishanchit, Underwater Archaeology

in *Thailand II: Ceramics From the Gulf of Thailand*, 1990, p. 95）

圖 4-2-67：臺南縣新市鄉社內遺址出土綠釉小罐

（出處同 4-2-1）

圖 4-2-68：臺南縣新市鄉社內遺址出土安平壺

（引自李匡悌，《三舍暨社內遺址受相關水利工程影響範圍搶救考古發掘工作計劃期末報告》，2005，圖版 20）

圖 4-2-69：東山鄉吉貝耍公廨供奉安平壺

（筆者拍攝）

圖 4-2-70：日據時代佳里鎮北頭洋公廨供奉安平壺

（引自國分直一，《壺を祀る村──台灣民族誌》，1981，頁 263 下圖）

圖 4-2-71：日據時代左鎮鄉隙子口公廨供奉安平壺

（引自國分直一，《壺を祀る村──台灣民族誌》，1981，頁 260 圖上）

圖 4-2-72：宜蘭淇武蘭遺址 M36 號墓及陪葬用安平壺

（引自陳有貝、李貞瑩，〈淇武蘭遺址出土近代瓷器簡介〉，2004，圖版 86）

圖 4-2-73：臺南安平熱蘭遮城遺址出土鹽釉陶殘片

（引自陳信雄、許功明、劉益昌，《熱蘭遮城博物館（永漢民藝館）調查修復規劃案》，2005，頁 39、圖 4-1-46）

圖 4-2-74：臺南安平熱蘭遮城遺址出土荷蘭錫白釉藍彩陶殘片

（引自傅朝卿、劉益昌等，《第一級古蹟台灣城殘跡（原熱蘭遮城）城址初步研究計畫成果報告書》，2003，圖版 98）

圖 4-2-75：臺南安平熱蘭遮城遺址出土泰國束頸四繫罐殘片

（引自陳信雄、許功明、劉益昌，《熱蘭遮城博物館（永漢民藝館）調查修復規劃案》，2005，頁 42、圖 4-1-51a）

圖 4-2-76：馬來西亞麻六甲 Stadthuys 博物館藏泰國束頸四繫罐

（筆者攝於馬來西亞麻六甲 Stadthuys 博物館）

圖 4-2-77a、b：日據時代高雄州內文社排灣族頭目家傳世陶罐

（a 圖：引自鈴木秀夫編，《台灣蕃界展望》，1935，頁 83；b 圖：引自渋谷區立松濤美術館編集，《特別展 台灣高砂族の服飾──瀨川コレクション─》，1983，頁 74）

圖 4-2-78：馬來西亞 1460 年代 Royal Nanhai 號沉船出土泰國細頸四繫罐

（引自 Roxanna M. Brown & Sten Sjostrand, *Maritime Archaeology and*

Shipwreck *Ceramics in Malaysia*, 2001, color plate 69.）

圖 4-2-79：1600 年西班牙 San Diego 號沉船出土泰國束頸四繫罐
（前 2）與細頸四繫罐（後 1）（引自 Jean Paul Desroches and Albert Giordan
ed., *The Treasure of San Diego*, 1996, p. 237.）

圖 4-2-80：1638 年西班牙 Concepción 號沉船出土泰國細頸四繫罐
（引自 William M. Mathers, Henry S. Parker III, PhD & Kathleen A. Copus
Archaeological Report: The Recovery of the Manila Galleon Nuestra
Señora de la Concepción, 1990, Pl. 63.）

圖 4-2-81：宜蘭淇武蘭遺址出土泰國細頸四繫罐
（引自陳有貝、邱水金、李貞瑩，《宜蘭縣礁溪鄉淇武蘭遺址第三階段
資料整理計畫工作報告書》，2005，圖版 50）

圖 4-2-82：臺灣海峽打撈出水無釉錐形陶杯
（引自簡榮聰，《臺灣海撈文物》，1994，頁 159）

圖 4-2-83：日本長崎出土無釉錐形陶杯
（引自川口平洋，〈産地不明の貿易陶磁──対馬・壹岐・長崎──〉，
2003，頁 66）

圖 4-3-1：1613 年荷蘭 Witte Leeuw 號沉船出土斜肩帶繫罐
（引自 C. L. van der Pijl-Ketel, *The Ceramic Load of the "Witte
Leeuw,"*,1982, p. 224）

圖 4-3-2：越南 Vung Tau 號沉船出土安平壺
（引自 Christiaan J. A. Jörg & Michael Flecker, *Porcelain from the Vung Tau
Wreck*, 2001, p. 151）

圖 4-3-3：1600 年西班牙 San Diego 號沉船出土醬釉斜肩帶繫罐
（引自 Jean Paul Desroches and Albert Giordan ed., *The Treasure of San
Diego*, 1996, p. 249）

圖 4-3-4：1638 年西班牙 Concepción 號沉船出土刻銘陶罐
（引自 William M. Mathers & Nancy Shaw, *Treasure of the Concepción*,
1993, p. 100）

圖 4-3-5：1600 年西班牙 San Diego 號沉船出土「長頸大肚 Garrafa 瓶」
（引自田中和彦，〈フィリピンの沈船遺跡と出土土器──15 世紀中葉
から 16 世紀末の資料を中心に─〉，2005，頁 34、圖 4）

圖 4-3-6：1600 年西班牙 San Diego 號沉船出土陶製圓罐

（引自 Jean Paul Desroches and Albert Giordan ed., *The Treasure of San Diego*, 1996, p. 251）

圖 5-1-1：明監國魯王朱以海墓（1662）三合土壙蓋殘件
（筆者攝於金門）

圖 5-1-2：明監國魯王朱以海墓壙蓋鑲嵌瓷碗
（筆者攝於金門）

圖 5-1-3：高雄左營區鳳山舊城遺址出土「宣明」款肥前窯青花瓷殘片
（引自臧振華、高有德、劉益昌，〈左營清代鳳山縣舊城聚落的試掘〉，1993，圖版 11）

圖 5-1-4：臺南縣新市鄉社內遺址出土肥前窯折沿開光紋青花盤
（引自野上建紀、李匡悌、盧泰康、洪曉純，〈台南出土の肥前磁器——17 世紀における海上交易に関する考察——〉，2005，頁 7，fig. 2）

圖 5-1-5：爪哇島巴達維亞 Jalan Kopi 遺址出土肥前窯折沿開光紋青花盤
（引自大橋康二，《「海を渡った肥前のやきもの」展》，1990，頁 122、圖 265。）

圖 5-1-6：瓜地馬拉 Antigua 之聖多明哥修道院出土肥前窯折沿開光紋青花盤
（引自 George Kuwayama, and Anthony Pasinski, "Chinese Ceramics in the Audiencia of Guatemala," 2002, p. 30, fig. 8）

圖 5-1-7：臺南縣新市鄉社內遺址出土肥前窯雲龍紋青花碗
（引自野上建紀、李匡悌、盧泰康、洪曉純，〈台南出土の肥前磁器——17 世紀における海上交易に関する考察——〉，2005，頁 7，fig. 2）

圖 5-1-8：泰國大城府（Ayutthaya）Chao Phraya 河出土肥前窯雲龍紋青花碗
（引自大橋康二，《「海を渡った肥前のやきもの」展》，1990，頁 159、圖 366-367）

圖 5-1-9：臺南縣新市鄉社內遺址出土肥前窯雙勾花卉紋青花碗
（引自野上建紀、李匡悌、盧泰康、洪曉純，〈台南出土の肥前磁器——17 世紀における海上交易に関する考察——〉，2005，頁 7，fig. 2）

圖 5-1-10：臺南縣新市鄉社內遺址出土肥前窯青花瓶形器
（引自同上圖）

圖 5-1-11：日本九州有田町外山地區多多良之元窯跡 C 窯址出土長頸青花瓶
（引自村上伸之、野上建紀編著，《有田の古窯——町内古窯跡詳細分布調查報告書 第 11 集》，頁 232、240、241 圖 8）

圖 5-1-12：臺南縣新市鄉社內遺址出土肥前窯竹枝紋青花小杯
（感謝中央研究院歷史語言研究所李匡悌教授提供筆者實物進行測繪
與攝影）

圖 5-1-13a：南明永曆三十六年(1682) 夫人洪氏墓出土肥前窯山水紋青花小瓶
（感謝臺南市文化局提供筆者實物進行攝影）

圖 5-1-13b：夫人洪氏墓出土肥前窯青花小瓶線繪圖
（感謝臺南市文化局提供筆者實物進行測繪）

圖 5-1-14：夫人洪氏墓出土肥前窯青花小瓶器底
（出處同上）

圖 5-1-15：泰國 Thao Khot 寺出土肥前窯山水紋青花小瓶
（引自大橋康二，《「海を渡った肥前のやきもの」展》，1990，圖 350）

圖 5-1-16：南明永曆三十六年夫人洪氏墓墓碑
（引自黃典權，《鄭成功復台三百年史畫》，1961，頁 123、圖一一五）

圖 5-1-17：臺南市海安路地下街工程出土肥前窯山水紋青花碗
（感謝鄭文彰先生提供筆者實物進行測繪與攝影）

圖 5-1-18：臺南安平熱蘭遮城出土唐津二彩器
（引自劉益昌、王淑津，〈2005 年熱蘭遮城遺址出土的十七肥前陶瓷〉，
2005，頁 17、圖 5）

圖 5-1-19：根津美術館藏唐津二彩罐
（引自根津美術館，《知られざる唐津——二彩・單色釉・三島手》，
2002，圖 34）

圖 5-1-20：臺南縣新市鄉社內遺址出土越南北部釉下褐彩碗
（出處同 5-1-12）

圖 5-1-21：日本長崎万才町遺跡出土印花紋（判印手）釉下褐彩碗
（引自森本朝子，〈日本出土のベトナムの陶磁とその產地〉，1993-95，
圖 33b）

圖 5-1-22：越南北部 Hop Le 窯出土印花紋釉下褐彩碗
（引自森本朝子，〈日本出土のベトナムの陶磁とその產地〉，1993-95，
実眞 11）

圖 5-1-23：臺南縣新市鄉社內遺址出土越南北部釉下褐彩碗
（出處同 5-1-12）

圖 5-1-24：日本堺環濠都市遺跡出土印花紋釉下褐彩碗

（引自森本朝子，〈日本出土のベトナムの陶磁とその産地〉，1993-95，
圖 3-5, 6）

圖 5-1-25：臺南市文化局藏平口小底瓶
（陳列於臺南市鄭成功文物館；感謝臺南市文化局筆者實物進行拍攝與
攝影）

圖 5-1-26：臺南市文化局藏平口小底瓶
（陳列於永漢文物館：出處同上）

圖 5-1-27：國立臺灣歷史博物館藏平口小底瓶
（感謝國立臺灣歷史博物館提供筆者實物進行拍攝與攝影）

圖 5-1-28：高雄左營鳳山舊城遺址出土平口小底瓶
（臧振華、高有德、劉益昌，〈左營清代鳳山縣舊城聚落的試掘〉，1993，
頁 855、圖版 96 右。）

圖 5-1-29：臺南安平熱蘭遮城遺址出土平口小底瓶
（引自劉益昌、謝明良，《熱蘭遮城博物館（現永漢文物館）調查修復
規劃案──熱蘭遮城考古遺址出土文物研究與展示構想計畫》，2005，
頁 35、圖 4-1-36a）

圖 5-1-30：日本堺環壕都市遺跡出土平口小底瓶
（引自續伸一郎，〈堺環濠都市遺址出土の貿易陶磁（1）──出土陶器
の分類を中心として〉，1990，頁 147，fig. 4-31）

圖 5-2-1：臺南縣新市鄉社內遺址出土秋葉紋青花盤
（感謝中央研究院歷史語言研究所李匡悌教授提供筆者實物進行測繪
與攝影）

圖 5-2-2：臺南縣新市鄉社內遺址出土秋葉紋青花盤
（出處同 5-2-1）

圖 5-2-3：福建東山島冬古灣沉沒明鄭戰船出土秋葉紋青花盤
（引自陳立群，〈東山島冬古沉船遺址初探〉2001，頁 36、圖 3）

圖 5-2-4：越南南部 1690 年代 Vung Tau 沉船出土秋葉紋青花盤
（引自 Christiaan J. A. Jörg & Michael Flecker, *Porcelain from the Vung Tau
Wreck*, 2001, p. 80, fig. 75）

圖 5-2-5：高雄左營區鳳山舊城遺址出土秋葉紋青花盤
（引自臧振華、高有德、劉益昌，〈左營清代鳳山縣舊城聚落的試掘〉，
1993，圖版 26）

圖 5-2-19：臺南科學園區石頭埔遺址出土「疏朗型」團菊紋碗
（引自臧振華、李匡悌、朱正宜，《台南科學園區道爺遺址未劃入保存區部份搶救考古計劃期末報告》，2004，頁 449，圖 10-9）

圖 5-2-20：日本昭和年間台南市鹽程區墓葬出土「疏朗型」團菊紋碗
（感謝臺南市文化局提供筆者實物進行攝影）

圖 5-2-21：臺南市海安路出土（左）「疏朗型」團菊紋碗、（右）「繁密型」團菊紋碗
（感謝鄭文彰先生提供筆者實物進行攝影）

圖 5-2-22：臺南縣下營鄉茅港尾出土「繁密型」團菊紋碗
（感謝許清保先生提供筆者標本進行攝影）

圖 5-2-23：南非 Cape Town 出土「繁密型」團菊紋碗
（引自 Jane Close, "Excavated Oriental Ceramics from the Cape of Good Hope: 1630-1830," 1992-1993, p. 75, fig. 7）

圖 5-2-24：高雄左營鳳山舊城遺址出土「粗簡型」團菊紋碗
（引自臧振華、高有德、劉益昌，〈左營清代鳳山縣舊城聚落的試掘〉，1993，圖版 27）

圖 5-2-25：臺南縣下營鄉茅港尾出土「粗簡型」團菊紋碗
（感謝許清保先生提供筆者標本進行攝影）

圖 5-2-26：麻豆後牛稠出土「粗簡型」團菊紋碗
（感謝許清保先生提供筆者標本進行攝影）

圖 5-2-27：高雄左營鳳山舊城遺址出土赤壁賦乘船人物紋青花碗
（引自臧振華、高有德、劉益昌，〈左營清代鳳山縣舊城聚落的試掘〉，1993，頁 780，插圖 14）

圖 5-2-28：越南會安出土赤壁賦乘船人物紋青花碗
（引自菊池誠一編，《ベトナム日本町ホイアンの考古學調查》，1997，頁圖版 14-52、74）

圖 5-2-29：高雄左營鳳山舊城遺址出土簡筆山水紋青花碗
（引自臧振華、高有德、劉益昌，〈左營清代鳳山縣舊城聚落的試掘〉，1993，圖版 37、38）

圖 5-2-30：臺南科學園區道爺遺址出土簡筆山水紋青花碗
（引自振華、李匡悌、朱正宜，《台南科學園區道爺遺址未劃入保存區部份搶救考古計劃期末報告》，2004，頁 453，圖 10-15）

圖 5-2-31：臺南關廟鄉
（右）與成功大學光復校區
（左）出土簡筆山水紋青花碗

圖 5-2-32：越南南部 1690 年代 Vung Tau 沉船出土簡筆山水紋青花碗
（引自 Christiaan J. A. Jörg & Michael Flecker, *Porcelain from the Vung Tau Wreck*, 2001, p. 83, fig. 80）

圖 5-2-33：臺南新市鄉社內遺址出土白瓷小杯
（出處同 5-2-1）

圖 5-2-34：越南南部 1690 年代 Vung Tau 沉船出土白瓷碗、杯
（引自 Christiaan J. A. Jörg & Michael Flecker, *Porcelain from the Vung Tau Wreck*, 2001, p. 90, fig. 92）

圖 5-2-35：臺南縣柳營鄉南明永曆二十八年（1674）蔣鳳墓出土白瓷小罐
（引自國立歷史博物館編輯委員會，《國立歷史博物館典藏目錄文物篇（一）》，1998，頁 63，圖 157）

圖 5-2-36：越南南部 1690 年代 Vung Tau 沉船出土白瓷小罐
（引自 Christiaan J. A. Jörg & Michael Flecker, *Porcelain from the Vung Tau Wreck*, 2001, p. 88, fig. 89）

圖 5-2-37：臺南新市鄉社內遺址出土白瓷湯匙
（引自李匡悌，《三舍暨社內遺址受相關水利工程影響範圍搶救考古發掘工作計劃期末報告》，2005，圖版 123）

圖 5-2-38：臺南關廟鄉出土白瓷湯匙

圖 5-2-39：越南南部 1690 年代 Vung Tau 沉船出土白瓷湯匙
（引自 Christie's Amsterdam B. V., *The Vung Tau Cargo: Chinese Export Porcelain*, 1992, p. 63, lots 461-466）

圖 5-2-40：臺南新市鄉社內遺址出土白瓷西洋人物塑像
（出處同 5-2-1）

圖 5-2-41：西方私人收白瓷藏騎獸人物
（引自 Rose Kerr & John Ayers, *Blanc De Chine: Porcelain from Dehua*, 2002, pl. 41.）

圖 5-2-42：德化窯窯址出土匣缽
（引自陳建中、孫藝靈，《中國古代名瓷鑒賞大系 德化白瓷》，2002，頁 42）

（引自碗礁一號水下考古隊編著，《東海平潭碗礁一號出水瓷器》，
2006，圖版100）

圖 5-3-15：香港大埔碗窯出土八卦太極紋青花碗
（引自香港文化博物館編，《香港大埔碗窯青花瓷窯址——發掘與研
究》，2000，頁82、彩圖38）

圖 5-3-16：臺南縣新市鄉社內遺址出土簡筆山水紋小杯
（出處同圖5-3-4）

圖 5-3-17：福建平潭「碗礁一號沉船」出土簡筆山水紋小杯
（引自碗礁一號水下考古隊編著，《東海平潭碗礁一號出水瓷器》，
2006，圖版117）

圖 5-3-18：臺南縣關廟鄉出土簡筆山水紋碗、杯

圖 5-3-19：臺南縣善化鎮曾文庄出土簡筆山水紋小杯
（感謝許清保先生提供筆者標本進行攝影）

圖 5-3-20：高雄左營區鳳山舊城遺址出土醬釉青花小杯
（引自臧振華、高有德、劉益昌，〈左營清代鳳山縣舊城聚落的試掘〉，
1993，圖版31、32）

圖 5-3-21：臺南縣新市鄉社內遺址出土花草湖石紋青花小杯器心
（出處同圖5-3-4）

圖 5-3-22：臺南縣新市鄉社內遺址出土花草湖石紋青花小杯器底
（出處同圖5-3-4）

圖 5-3-23：臺南縣麻豆鎮水堀頭遺址出土康熙素三彩杯
（引自劉益昌、劉瑩三，《舊麻豆港水堀頭遺址文化公園區探勘復原計
畫》，2005，圖版65）

圖 5-3-24：印尼萬丹遺址出土康熙素三彩碗
（引自大橋康二、坂井隆，〈インドネシア・バンテン遺跡出土の陶磁
器〉，1999，圖版1-9A、9B）